AF479005

Jürgen Nefzger

nocturnes

HATJE
CANTZ

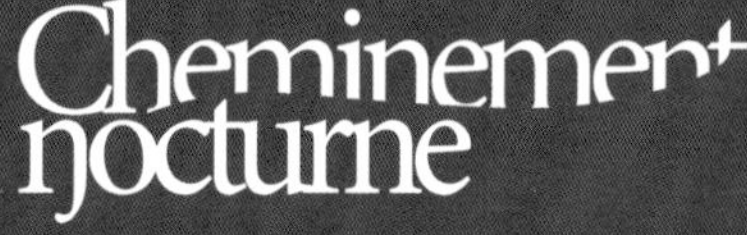

Mathilde Roman

Mathilde Roman est critique d'art, membre de l'AICA, auteur de l'essai «Art vidéo et mise en scène de soi», éd. l'Harmattan, 2008.
Docteur en arts et science de l'art, elle enseigne l'histoire de l'art à l'École d'Art et de Scénographie de Monaco.

Déambuler de nuit dans une ville, c'est prendre le rythme de la flânerie, éveiller ses sens pour distinguer ce qui ne se discerne qu'à force d'attention, et se laisser porter par ce que l'on rencontre. Avancer guidé par les halos de lumière des lampadaires, faire quelques pas vers des zones plus sombres, être happé par une réalité quotidienne transfigurée. En choisissant de travailler de nuit pour cette commande photographique sur Clermont-Ferrand, Jürgen Nefzger s'est inscrit dans une longue tradition du paysage nocturne dans laquelle l'artiste prend ses distances avec la vision diurne et plonge dans l'obscurité en quête d'un autre accès au monde. L'histoire de la peinture regorge d'exemples de représentations de la nuit, comme celles célèbres du Caravage ou de Georges de la Tour, poursuivant dans les ténèbres la présence du divin. Mais la démarche de Jürgen Nefzger se rapproche plutôt de celle de Johan Christian Clausen Dahl qui, au XIXe siècle, peint des paysages où les vues urbaines se détachent par la sombre densité de leurs bâtiments contrastant avec des ciels chargés de luminosités étranges. Dans les peintures nocturnes, le monde est saisi dans un calme silencieux, peu mouvementé, où le mélancolique vient chercher le repos, et le désespéré la révélation de vérités enfouies. La photographie s'aventurera à son tour dans ce rapport particulier au réel où les sentiments d'apaisement comme d'angoisse se retrouvent exacerbés, et où la vision découvre d'autres horizons.

Dans *Nocturnes,* on s'approche d'une ville plongée dans un état de veille, immobilisée dans l'entre-deux de l'agitation urbaine. À travers cette nouvelle série, Jürgen Nefzger propose un cheminement qui explore l'envers d'un espace du quotidien, dans l'incertitude et le plaisir de la découverte. De photographie en photographie, on suit une avancée solitaire qui, tout en partant des hauteurs des volcans pour se diriger vers le centre de la ville, se soucie moins de suivre un parcours que de se laisser envahir par une atmosphère nocturne. On s'enfonce progressivement dans Clermont-Ferrand, qui s'étend au creux de la chaîne des Puys, guettant les premières lueurs d'une aube qui ne poindra pas.

En préférant représenter la ville de nuit, Jürgen Nefzger s'est focalisé sur sa forme urbaine, dans un moment où elle n'est pas assaillie par le rythme forcené de l'activité humaine.

Dans sa démarche photographique, ce questionnement est récurrent Comme Atget, Jürgen Nefzger aime photographier la ville hors de son état de frénésie urbaine, dans ses moments de repos, se levant tôt le dimanche matin, évitant les foules. La présence humaine est rare et toujours mise en relation avec son environnement.

Dans *Nocturnes,* Jürgen Nefzger prend le parti d'explorer un autre temps de repos d'une ville, non plus celui de la matinée du jour férié mais celui, quotidien, de la nuit.

La plupart des images ont été faites en semaine après minuit, lorsque le calme s'est bien installé et qu'il est suffisamment tard pour que l'on n'ait plus guère de raison de sortir encore de chez soi. Les habitants se sont éclipsés, les rues sont désertées, l'éclairage public prend le relais pour signifier encore la main mise de l'humain sur ces territoires.

On s'attend à ce que quelque chose vienne troubler le vide scénique mais rien ne surgit, ni chat sauvage, ni silhouette emmitouflée, ni passage de voiture. Jürgen Nefzger évite les habitués de la nuit, attendant que s'éloignent ceux que fuit le sommeil ou ceux qu'un labeur contraint à rester éveillés. Dans le silence et le désœuvrement, les espaces du quotidien apparaissent différemment, les regards se posent sur des aspects oblitérés par l'agitation habituelle, par l'emprise excessive de l'hégémonie humaine.

Dans ses images, Jürgen Nefzger accorde une grande importance à la lumière, qu'elle soit dure ou douce, discrète ou théâtrale, et les ciels occupent une large place.

En se plongeant dans cette série, on s'aperçoit que la nuit est tout sauf une absence de lumière. Les images ont des tonalités colorées variées dans la subtilité des dégradés, et la lune, les étoiles et les lampadaires prennent une grande importance. Ils scintillent dans l'image, creusant des halos, transformant notre perception du monde, entre décors de cinéma et dérive onirique. La dureté de l'éclairage public est effacée, on oublie sa raison d'être, sa participation au régime de surveillance généralisé du visible. Jürgen Nefzger s'approprie ces points lumineux pour produire une vision poétique du réel, métamorphosant leur froideur en luminosité douce et intime, proche même par moments de la chaleur réconfortante produite par les bougies dans les peintures nocturnes classiques. L'environnement anonyme, bien souvent déprimant, retrouve un semblant d'humanité. Des jeux grillagés entourés de barres HLM, vision éminemment dure et angoissante, sont par la représentation photographique largement adoucis.

La réfection d'une route prend une dimension organique et l'abribus publicitaire donne lieu à un jeu de reflets très suggestif et séducteur. La posture critique que Jürgen Nefzger a longtemps développée par un regard acerbe et vigilant se mue ici en une volonté de transformer plutôt que de dénoncer.

L'état de réceptivité exacerbée que l'on vit dans ces moments de marches nocturnes modifie le regard porté sur le monde, et Jürgen Nefzger n'y a pas échappé.
Les images de *Nocturnes* sont dans la continuité de celles qu'il a réalisées depuis quinze ans sur les paysages contemporains en France, sur les évolutions et dérives de l'urbanisme, sur l'impact des sociétés de consommation et de loisir dans nos environnements de vie. Elles viennent après ce long et rigoureux travail réuni dans deux ouvrages, *Hexagone 1. Le paysage fabriqué* et *Hexagone 2. Le paysage consommé*, mais elles s'en éloignent aussi largement.
Le point de vue analytique et critique sur le monde, souvent teinté d'humour et d'ironie, s'est laissé gagner par la rêverie et imprégner par l'impact du sensible. Les images sont moins dans la désignation et plus dans l'évocation. Elles n'assignent pas le réel mais en dévoilent d'autres reliefs, proposant un parcours dans une ville au repos dans laquelle des associations nouvelles se tissent.
Une croix illuminée installée en plein champ, inattendue et surprenante, nous engage ainsi dans un imaginaire décalé, comme ailleurs, dans cette image où la lumière d'un parc est en travaux. Un trou béant éclaire en contre-plongée les arbres qui l'entourent, nous introduisant dans un univers surnaturel.

Si la nuit urbaine n'est donc pas privation de lumière, elle est cependant une autre modalité de rapport à la clarté et impose ses contraintes. La photographie, pour imprégner le négatif, prend du temps, des dizaines de minutes. Ce qui se révèle ensuite, avec la précision que permet la prise de vue à la chambre, est ainsi un espace-temps différent de celui que l'on perçoit à l'œil nu. L'image nous dévoile un aperçu étonnant sur le monde, dominé par des teintes bleues qui imprègnent d'étrangeté des scènes urbaines ordinaires.
La lourdeur du dispositif de la chambre et la longueur du temps de pose contraignent le photographe à adopter une certaine lenteur dans sa déambulation, à faire des arrêts propices à la rêverie, et lorsque l'on se plonge ensuite dans les images, on les sent chargées de cette épaisseur temporelle. Les feuilles des arbres sont floues par endroits, les étoiles laissent des traînées dans le ciel. Des traces de mouvement se laissent ainsi discerner mais avec discrétion.
Le propos n'est pas là non plus. Il ne s'agit pas de condenser volontairement le temps dans une image : ce n'est pas un choix plastique mais un état de fait. Pour représenter la nuit, il faut accepter de s'immerger dans un autre rapport au temps, plus fluide, plus étiré, plus ouvert.

La vue du Puy de Dôme au clair de lune, dépossédé de ses couleurs par la pâleur de la luminosité, inaugure parfaitement une série où le paysage est représenté dans une perception excédant la sensibilité humaine. Au fur et à mesure de la série, on se rapproche du centre de la ville, symbolisé par la cathédrale, tout en gardant le repère rassurant de la végétation. Le chemin sombre de campagne s'enfonce vers la clarté de la ville où les buissons sauvages sont remplacés par des parterres, des pelouses ou des cyprès bien taillés. Les rues, les immeubles, les parkings sont parsemés d'arbres dont les branches nues prennent de nuit des allures mystérieuses. On s'étonne même de découvrir quelques ombres majestueuses étalées au sol. La végétation en ville remplit le même rôle que le lampadaire, instance rassurante contre les cauchemars nocturnes. Chaque image a son repère de verdure, son interstice de vie dans la densité de l'urbanisme. Le regard s'y promène ainsi avec plus d'aisance, faisant sienne cette déambulation dans une ville de province comme il en existe tant d'autres, retrouvant des signes connus, des souvenirs identiques. L'extraordinaire surgit de la plus grande banalité, lorsque le cadrage vient transformer un parking en piste d'atterrissage, lorsqu'une pelleteuse bien garée dans une rue en pente fait basculer l'ensemble vers un trop-plein frôlant l'absurde. Mais Jürgen Nefzger ne déforme pas non plus le réel, il se contente de l'envelopper de cette atmosphère nocturne qui évase les significations, introduit du mystère et ouvre la porte aux imaginaires fantastiques.

Les images possèdent chacune une tonalité propre, des détails qu'il faut prendre le temps de regarder. Elles se succèdent en composant ensemble une mélodie visuelle constituée de plusieurs périodes, de différentes étapes dans le récit. Jürgen Nefzger a choisi le titre en écoutant les *Nocturnes* de Chopin, enveloppé dans ces moments musicaux intimes et profondément expressifs. Si à première vue ses images n'ont pas, comme on pourrait l'attendre, une touche subjective comme celle présente dans les photographies de nuit de Brassaï où les reflets sombres du monde servent de support pour des projections intimes, elles sont pourtant elles aussi imprégnées d'une immersion sensible dans le temps nocturne. Avec cette série, Jürgen Nefzger prolonge une évolution dans son travail entamée avec sa série *Dunkerque,* dans laquelle le paysage d'une région du nord de la France, marqué par la présence d'industries lourdes est interrogé dans les interstices que l'homme parvient à se réapproprier à travers ses activités de loisir. La dureté de l'environnement est ainsi gommée par la vitalité des rapports que les individus entretiennent avec leurs espaces de proximité. Dans *Nocturnes,* il ne s'agit plus de représenter la manière dont les habitants trouvent leur place dans cette ville, et sans doute la question se pose-t-elle bien moins ici que face à un territoire comme celui de Dunkerque, mais de permettre au spectateur de déambuler par l'imaginaire dans Clermont-Ferrand, et de s'enfoncer dans un temps distendu propice aux émotions.

Nocturnal Journey

Mathilde Roman

Mathilde Roman is an art critic, member of AICA, and author of the essay "Art vidéo et mise en scène de soi," published by Harmattan, 2008. She has a PhD in arts and sciences of art, and teaches art history at the École d'Art et de Scénographie in Monaco.

When wandering through a town at night, one tends to adopt a strolling rhythm, awakening one's senses to things that are only observable by paying attention and letting oneself be carried away by whatever one meets. Moving forward, one is guided by the streetlights' halos of light, takes a few steps into darker areas, and is grabbed by a daily reality that has been transformed. In choosing to work by night to carry out this photographic assignment on Clermont-Ferrand, Jürgen Nefzger was signing on to a long tradition of nocturnal landscapes in which an artist distances himself from diurnal sights and dives into darkness in search of another entry to the world. The history of painting is full of examples of depictions of the night, such as the famous ones by Caravaggio and Georges de la Tour, who searched for divine presence in darkness. Nefzger's work, however, is closer to that of Johan Christian Clausen Dahl. In the nineteenth century, this painter depicted landscapes in which the dark density of urban buildings contrasted with skies heavy with a strange light. In nocturnal paintings, the world is caught in a silent tranquility where melancholy comes for respite and where buried truths are revealed to the despairing man. Later, photography was used to explore this special relationship with reality, in which peaceful or anguished feelings are exacerbated, and perception discovers new horizons.

In *Nocturnes,* we near a city plunged into standby mode, immobilized between periods of urban bustle. With this new series, Jürgen Nefzger provides a journey that explores the hidden side of daily space in the uncertainty and pleasure of discovery. From one photograph to the next, we follow a solitary path, starting from the heights of volcanoes, to move into the city. Following a path, however, is less important than letting oneself be invaded by the nocturnal atmosphere. We sink gradually into Clermont-Ferrand, which sprawls at the foot of the Puy mountains, on the lookout for the first glow of a dawn that will not break.

Jürgen Nefzger's decision to depict the city at night led him to focus on its urban nature at a time when it is not under assault from the manic rhythms of human activity. In his photographic work, this questioning is recurrent. Like Atget, Jürgen Nefzger likes to photograph a town in its moments of respite, rising early Sunday morning to avoid the crowds. Human presence is rare and is always presented in relation to its environment. In *Nocturnes,* Nefzger has chosen to explore another moment of rest in town: not that of Sunday morning, but rather that of the ordinary night. The majority of the images were captured after midnight during the week, when quiet has set in and it is late enough for the inhabitants to have scarcely any reason to leave home. They have slipped away, the streets are deserted, and street lighting takes over to show once again man's control over the landscape. We expect that something will come to trouble this scenic emptiness, but nothing happens—no stray cat, no figure hurrying by in a coat, no car . . . Jürgen Nefzger avoids the regulars of the night, waiting until those who cannot sleep or whose work obliges them to stay awake move on. In the silence and the idleness, daily spaces look different, eyes land on features obliterated by normal activity and by the excessive hold of human hegemony.

Light is very important in Jürgen Nefzger's pictures; it can be hard or soft, discreet or theatrical; and skies take on a major role. Once immersed in this series, we realize that night is everything but the absence of light. The pictures have multicolored tonalities in the subtleties of the gradient, and the moon, the stars, and the streetlights become key. They gleam in the image, hollowing halos, transforming our perception of the world, lying somewhere between cinema decor and dreamlike digression. The hardness of the street lighting is wiped out; we forget its raison d'être, its participation in the generalized surveillance regime of the visible. Jürgen Nefzger appropriates these luminous points to produce a poetic vision of reality, changing their coldness into soft and intimate lighting, at times nearing the comforting heat produced by candles in classical nocturnal paintings. The anonymous, often depressing environment finds a semblance of humanity. The wire-fenced play areas surrounded by social housing blocks, an immensely hard and distressing sight, are softened by photography. Road repairs take on an organic dimension, and bus-shelter advertisements give way to a suggestive and seductive game of reflections. Jürgen Nefzger has long since developed a critical stance with an acerbic and vigilant viewpoint, but here this evolves into a desire to transform rather than denounce.

The feelings of heightened openness that we experience during night walks change the way we look at the world, and Jürgen Nefzger is not exempt from this. The *Nocturnes* pictures come after those he has been creating of contemporary landscapes in France for fifteen years, focusing on the evolution and drift of urban planning and on the impact of the consumer and leisure society on our surroundings. They follow on from a long and demanding work, collected in two publications, *Hexagone 1: The Manufactured Landscape* and *Hexagone 2: The Landscape Consumed,* but they have also considerably evolved. His analytical and critical view of the world, often tinged with humor and irony, has been overtaken by reverie and permeated by sensuous impact. These images evoke rather than designate. They do not allocate reality; they reveal other depths, offering a journey through a city at rest where new relationships are woven. A lighted cross in the middle of a field, unexpected, leads us into an unconventional imagined world. Elsewhere, in a picture where a park light is being repaired, a gaping hole lights up the surrounding trees from below, bringing us into a supernatural universe.

In this way, the urban night does not mean the absence of light. Nevertheless, it has a relationship with brightness that imposes some constraints. In order to permeate the negative, a photograph takes time, a few dozen minutes for each one. The precision of the view camera then reveals a space-time different from that perceived by the naked eye. The image reveals an astonishing view of the world, one dominated by tints of blue that make everyday urban sights foreign. The heaviness of the large-format view camera and the exposure time required impose slowness on the photographer's wanderings. These long breaks encourage reverie, and when we immerse ourselves in the images, we feel them loaded with temporal heaviness. The leaves of trees are sometimes blurred; the stars leave streaks across the sky. Hence, traces of movement may be observed, but this is not what these photographs are about. The aim is not to voluntarily condense time into an image: it is not an artistic choice, but a fact. To portray the night, one needs to accept submersion in a more fluid, more drawn-out, more open relationship with time.

The view of Puy de Dôme by moonlight, stripped of its colors by the paleness of the light, inaugurates perfectly a series in which the landscape is depicted in a way that goes beyond human perception. As the series progresses, we get nearer the center, symbolized by the cathedral—keeping vegetation as a reassuring reference point. The dark country road yields to the brightness of the city, and the wild bushes are replaced by borders, lawns, and well-pruned cypresses. The streets, the buildings, and the parking lots are dotted with trees whose naked branches take on a mysterious allure at night. We are amazed to discover several majestic shadows spread out on the ground. The vegetation in the city fills the same role as the street lamp: it is a reassuring element confronting nocturnal nightmares. Each image has its greenery landmark, its chink of life in the density of urban planning. Thus, our eyes wander with more ease, appropriating this stroll through a provincial town that resembles so many others, finding well-known signs and identical souvenirs. Then, an extraordinary circumstance bursts out of the intensely banal: the centering of a picture transforms a parking lot into a landing strip; a mechanical digger parked in a sloping street tips everything toward an overflow bordering on the absurd. Jürgen Nefzger does not, however, deform reality; he is happy to envelop it in the nocturnal atmosphere that widens meanings, introduces mystery, and opens the door to fantasy.

Each image has its own tonality, with details that take time to see, and they follow on from each other, together composing a visual melody made up of several periods and different stages in the narrative. Jürgen Nefzger chose the title for this series on listening to Chopin's *Nocturnes,* wrapped up in intimate and deeply expressive musical moments. On first viewing, the images do not seem to have the subjective style that might have been expected. Night photographers such as Brassaï, for example, use dark reflections of the world to shore up intimate projections. Nevertheless, they are impregnated with a sensitive immersion in nighttime. With this series, Nefzger continues an evolution in his work begun with *Dunkerque.* There, the landscape of a region in the north of France, marked by the presence of heavy industry, is examined through the cracks that man has succeeded in reappropriating through his leisure activities. The harshness of the environment is in this way softened by the vitality of the relationships that individuals have with their surroundings. In *Nocturnes,* the aim is not to depict the way in which the inhabitants find their place in the city—and the issue is probably less relevant here than in an area like that of Dunkerque—but rather to enable the viewer to wander in his imagination in Clermont-Ferrand, and to subside into a distended sense of time, conducive to the emotions.

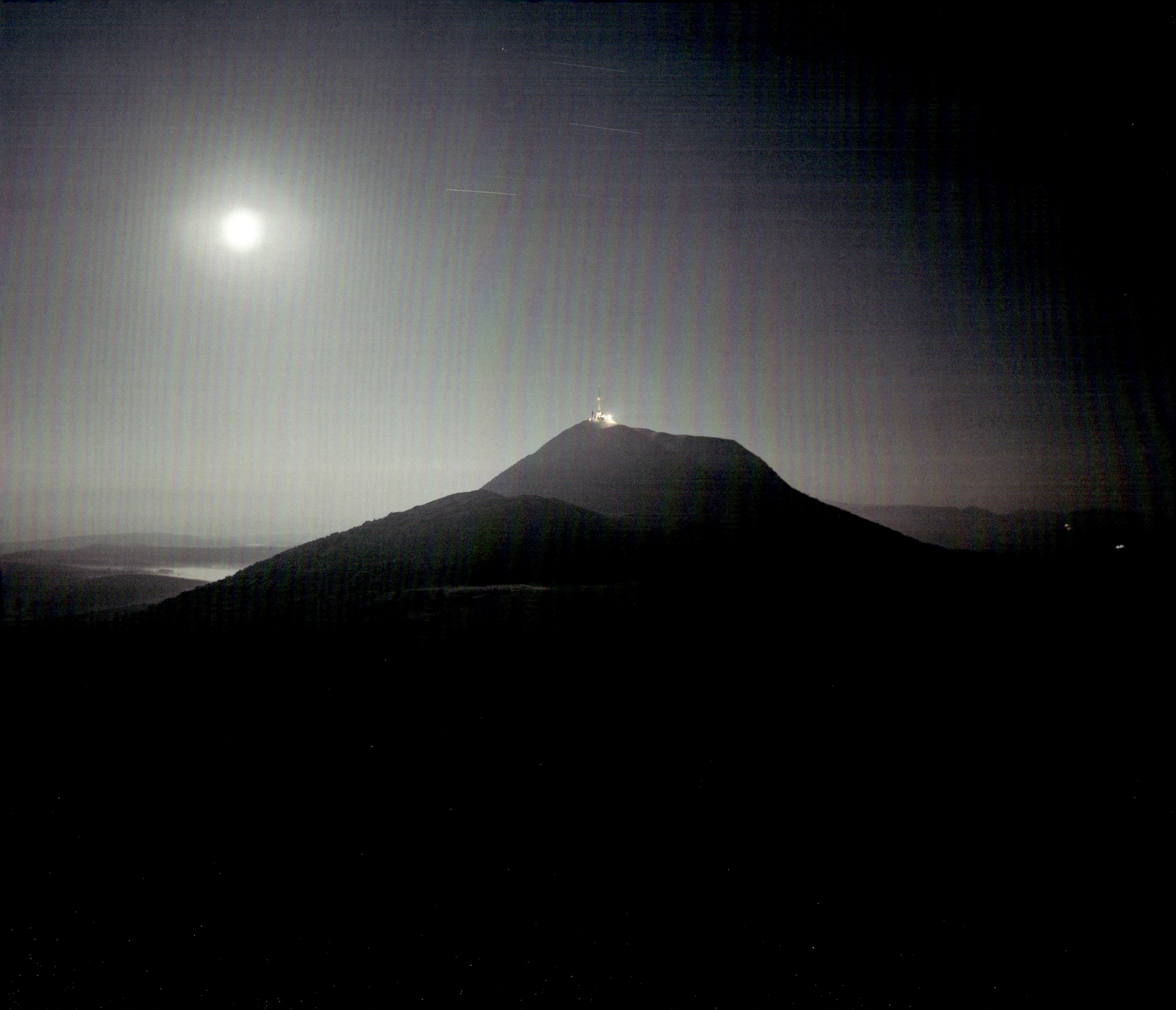

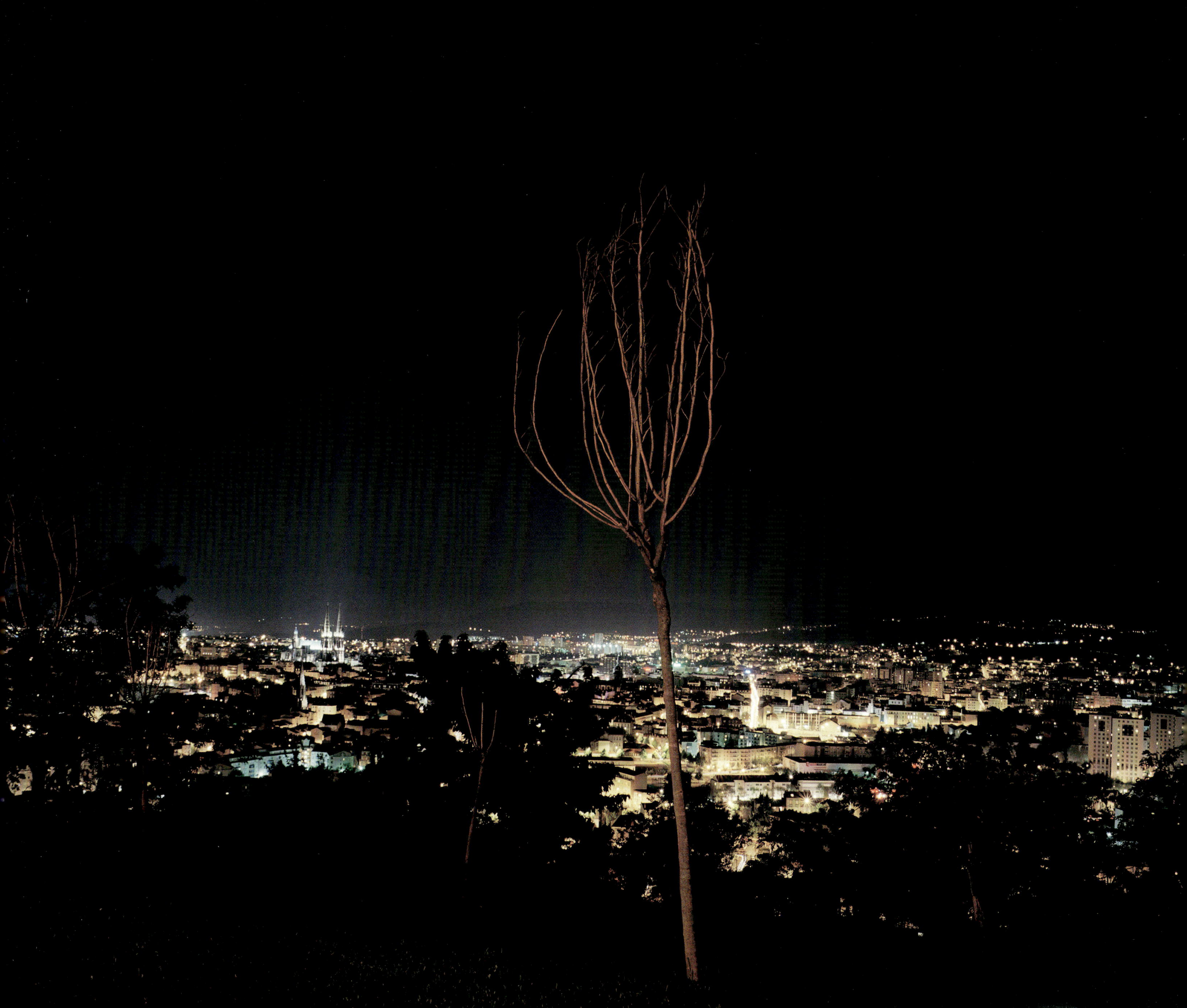

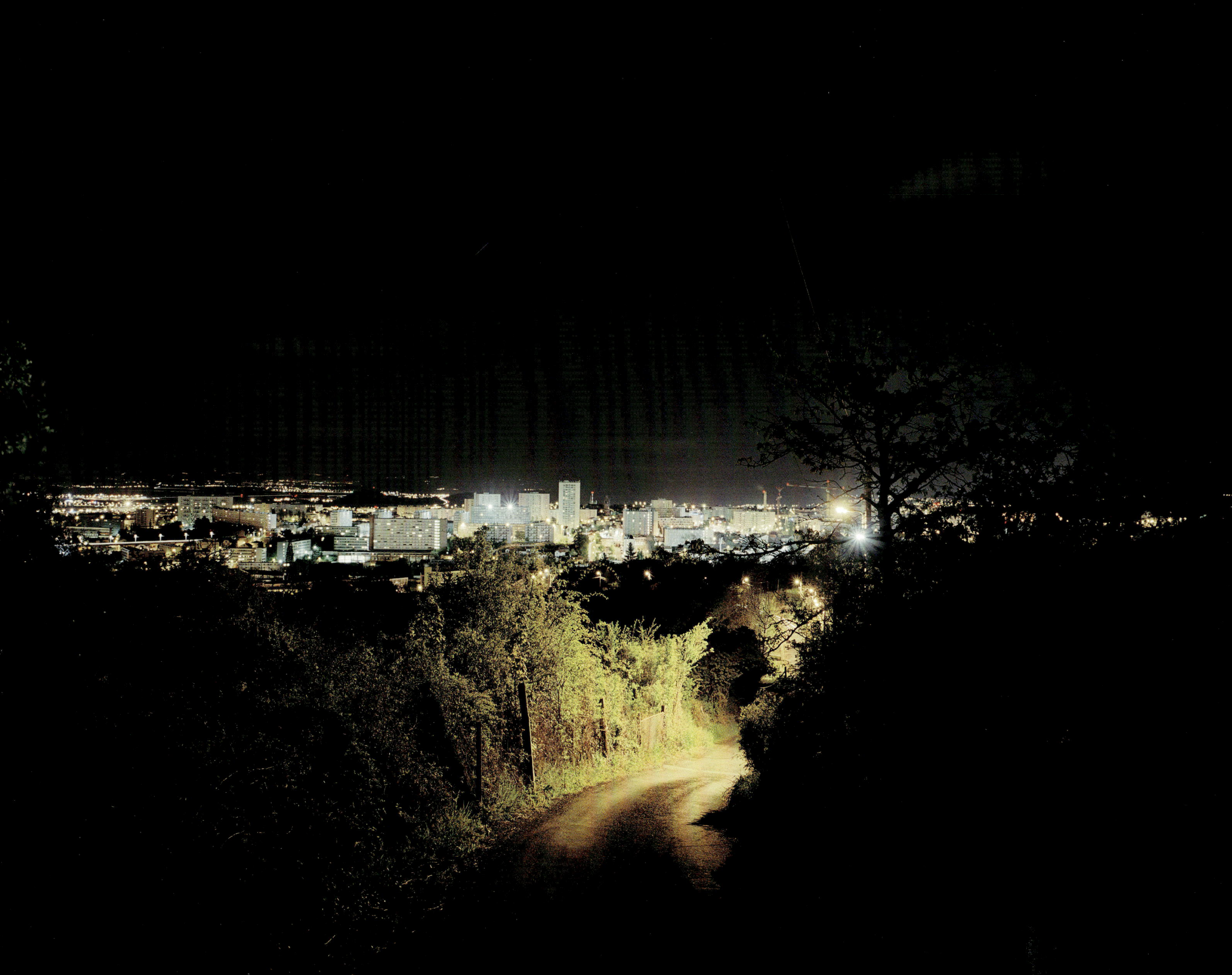

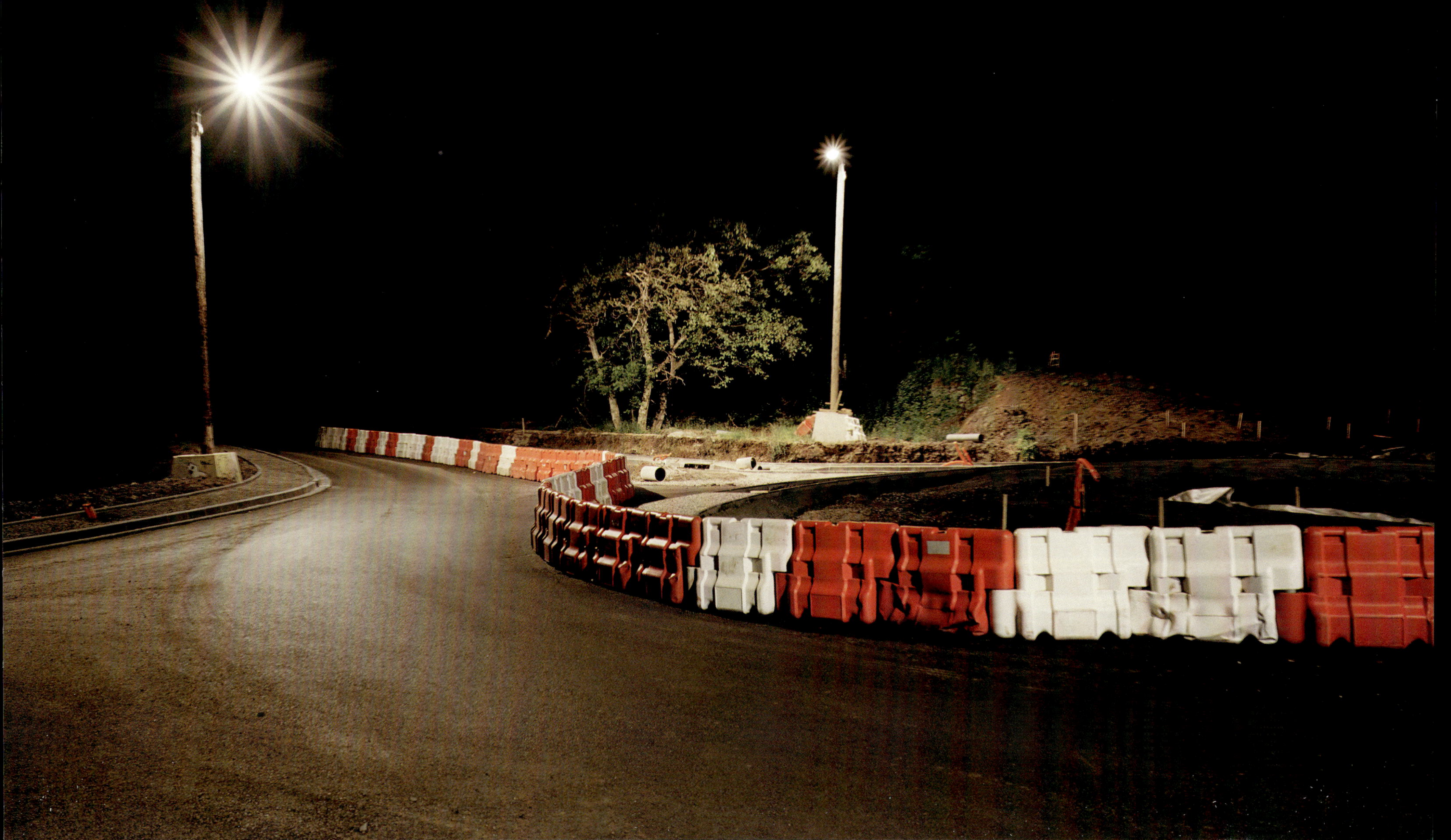

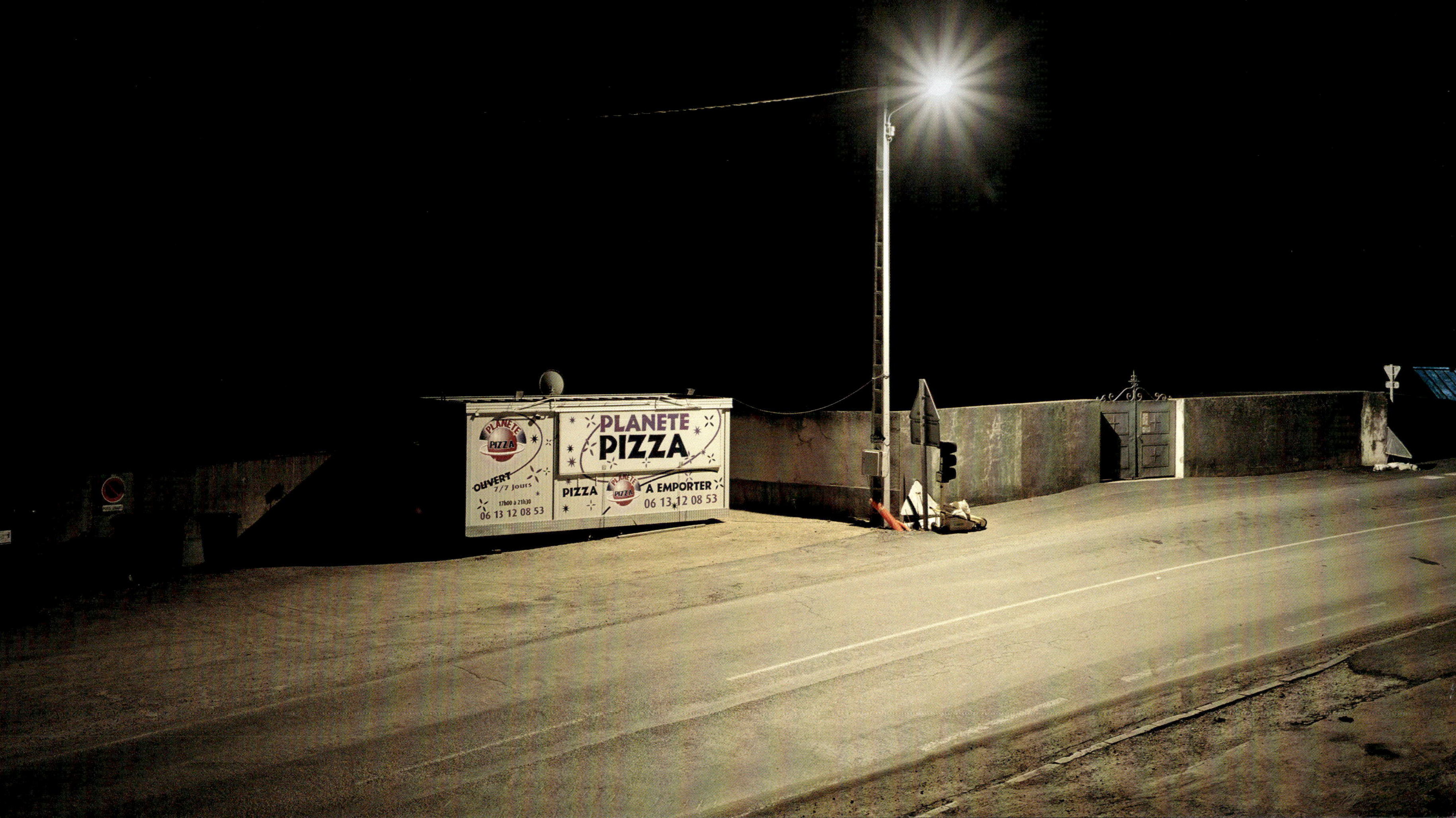
PLANETE
PIZZA
OUVERT
7/7 Jours
17h00 à 21h30
06 13 12 08 53
PLANETE
PIZZA
PIZZA
A EMPORTER
06 13 12 08 53

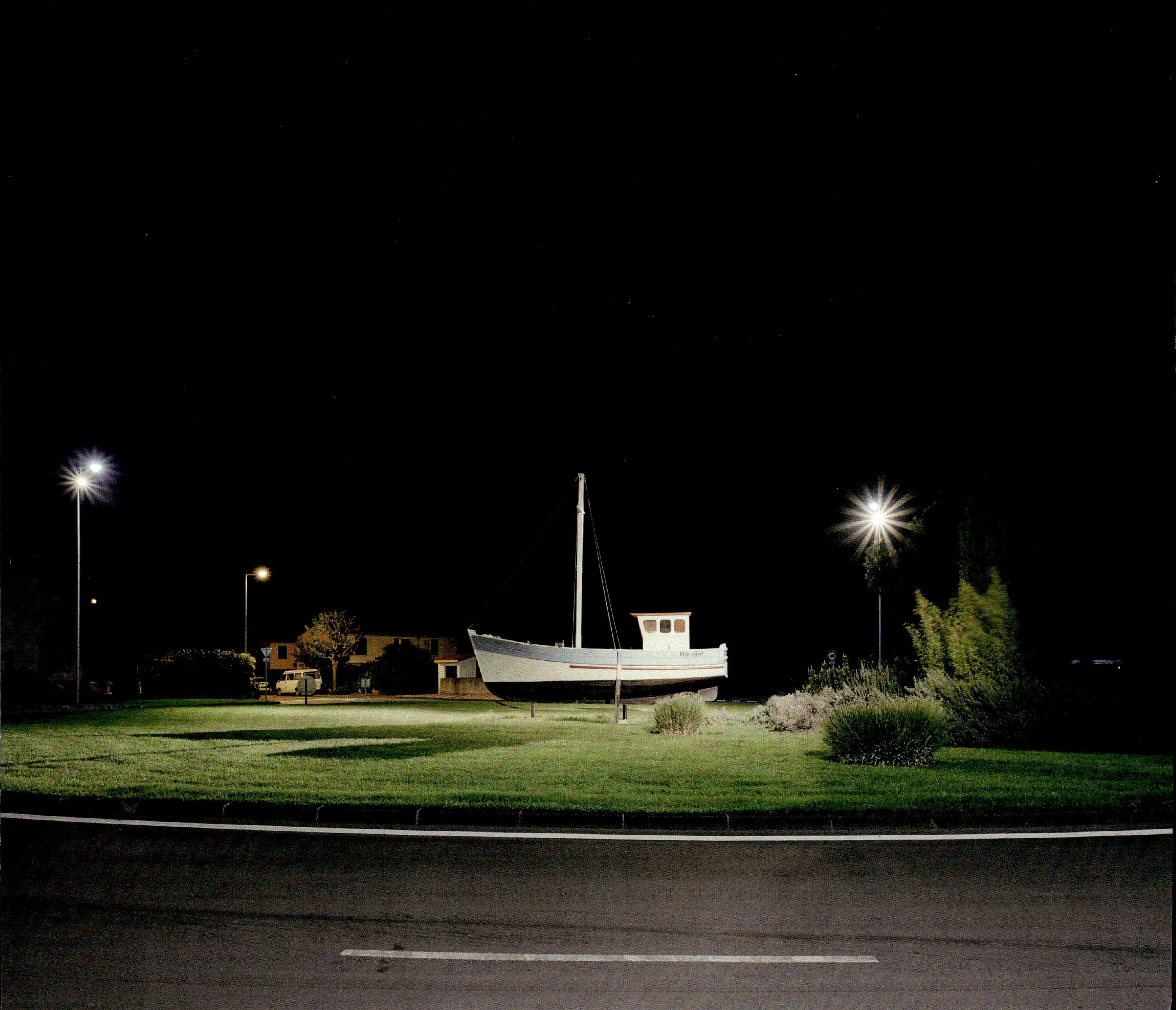
Mon effort

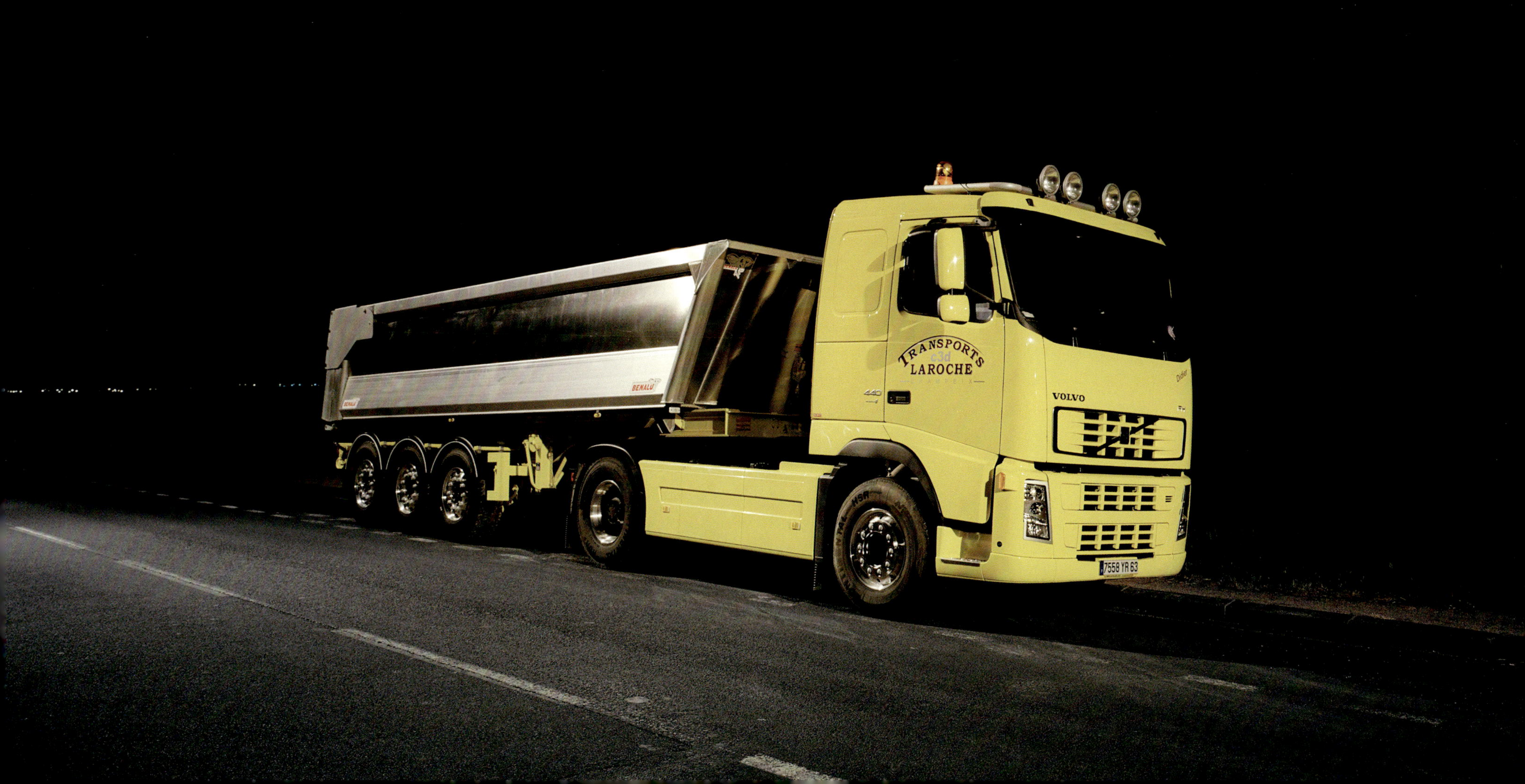
TRANSPORTS
LAROCHE
VOLVO
7558 YR 63

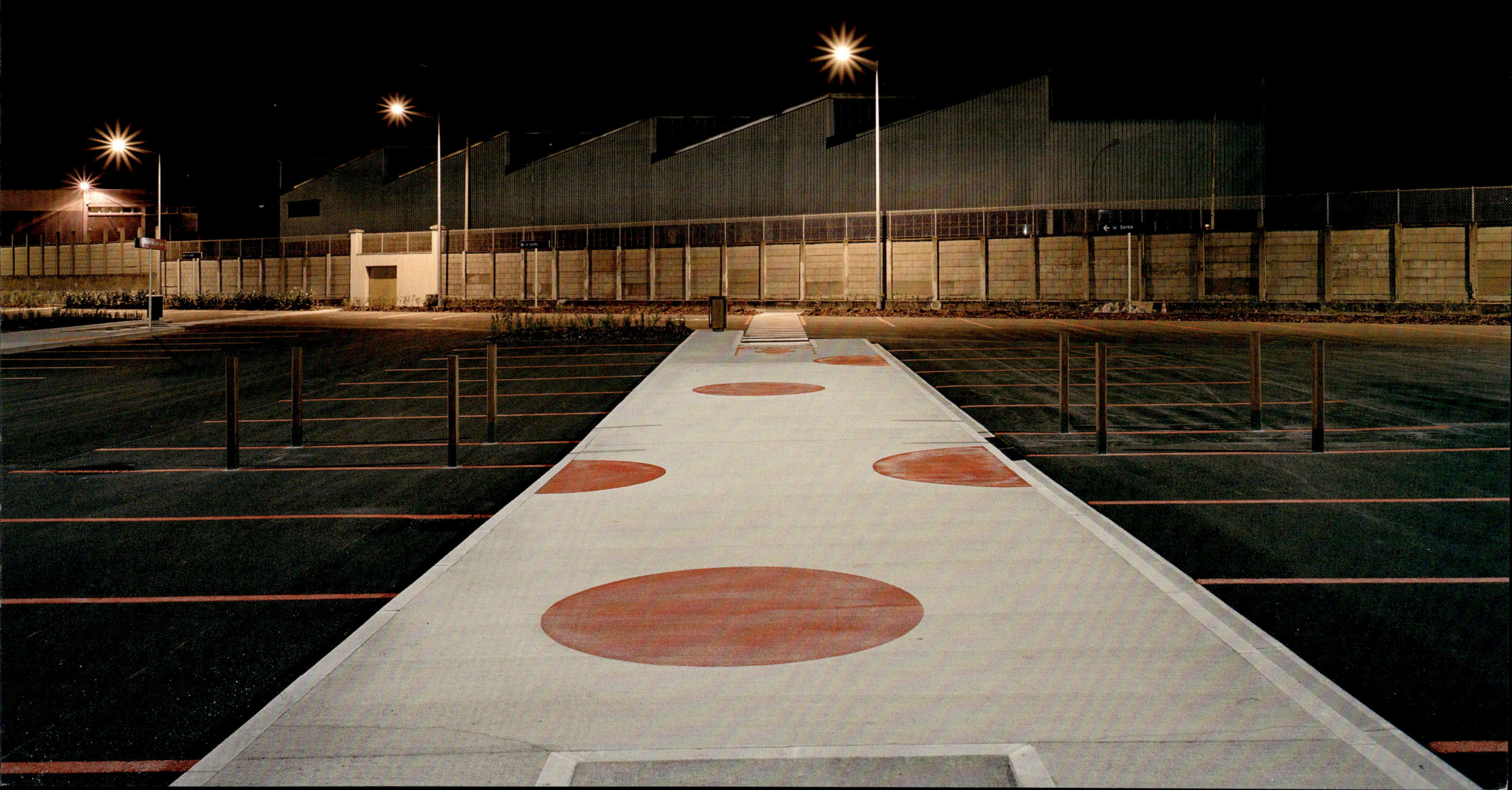

Sortie

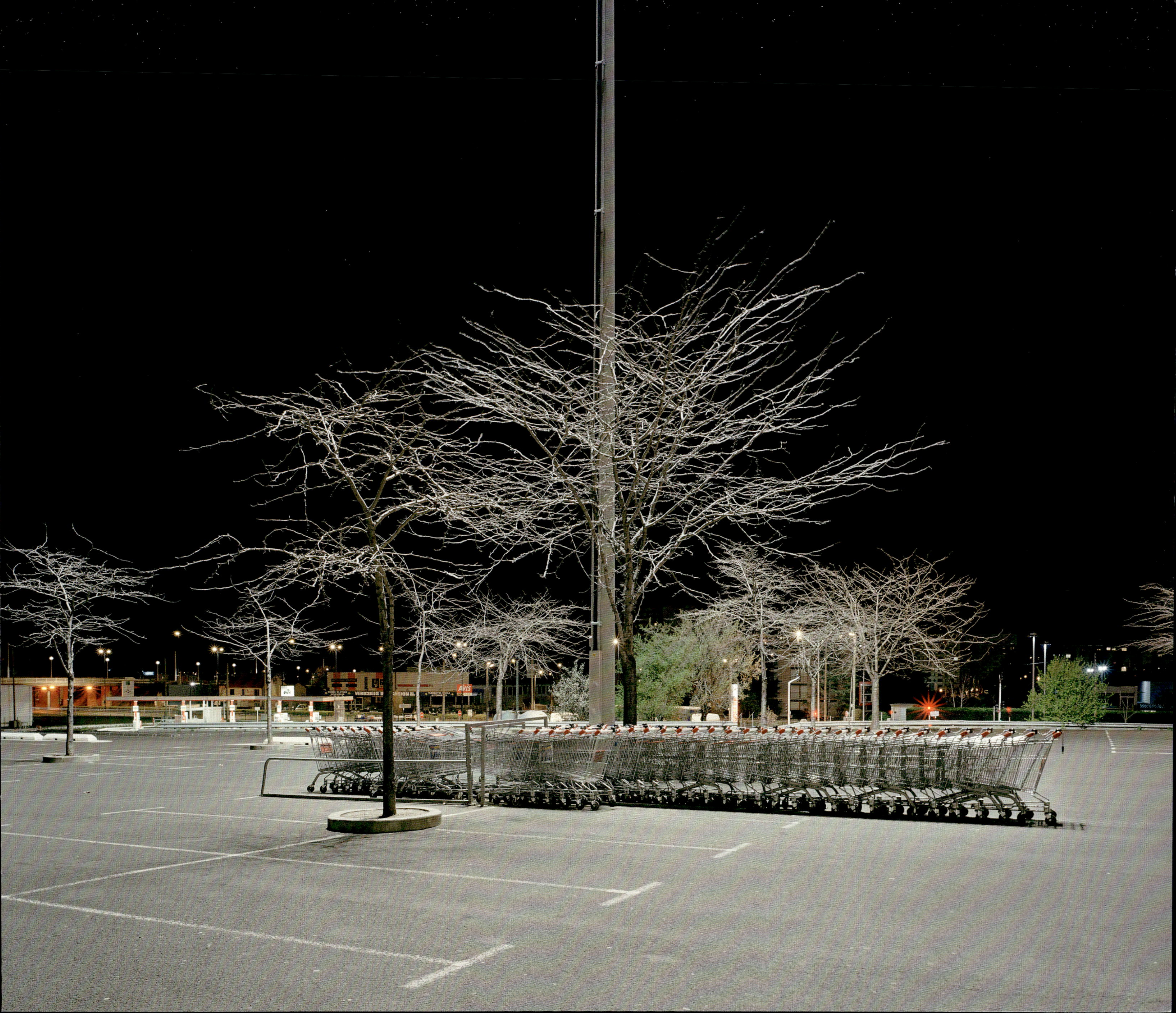
VEHICULES
AVIS

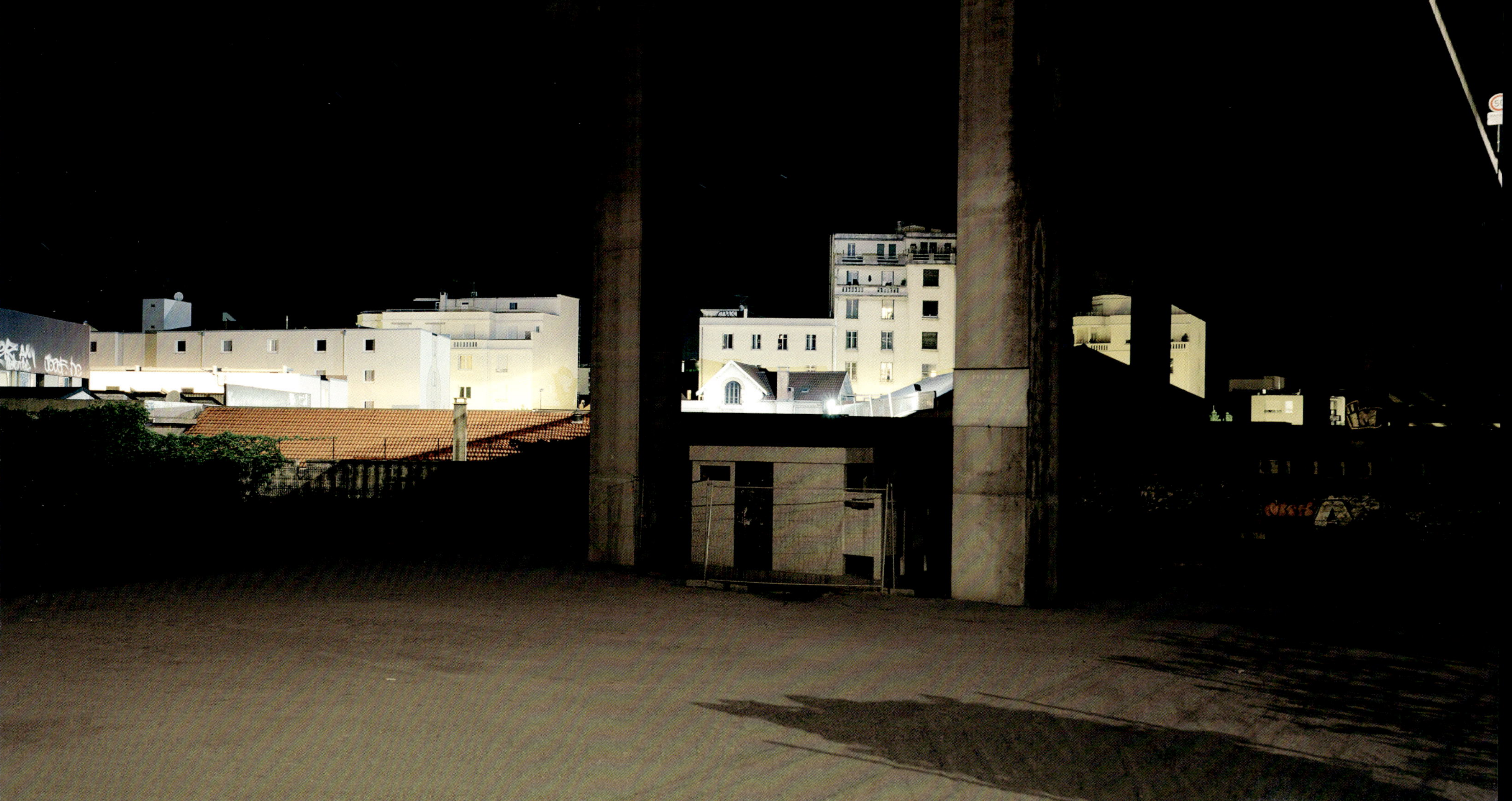

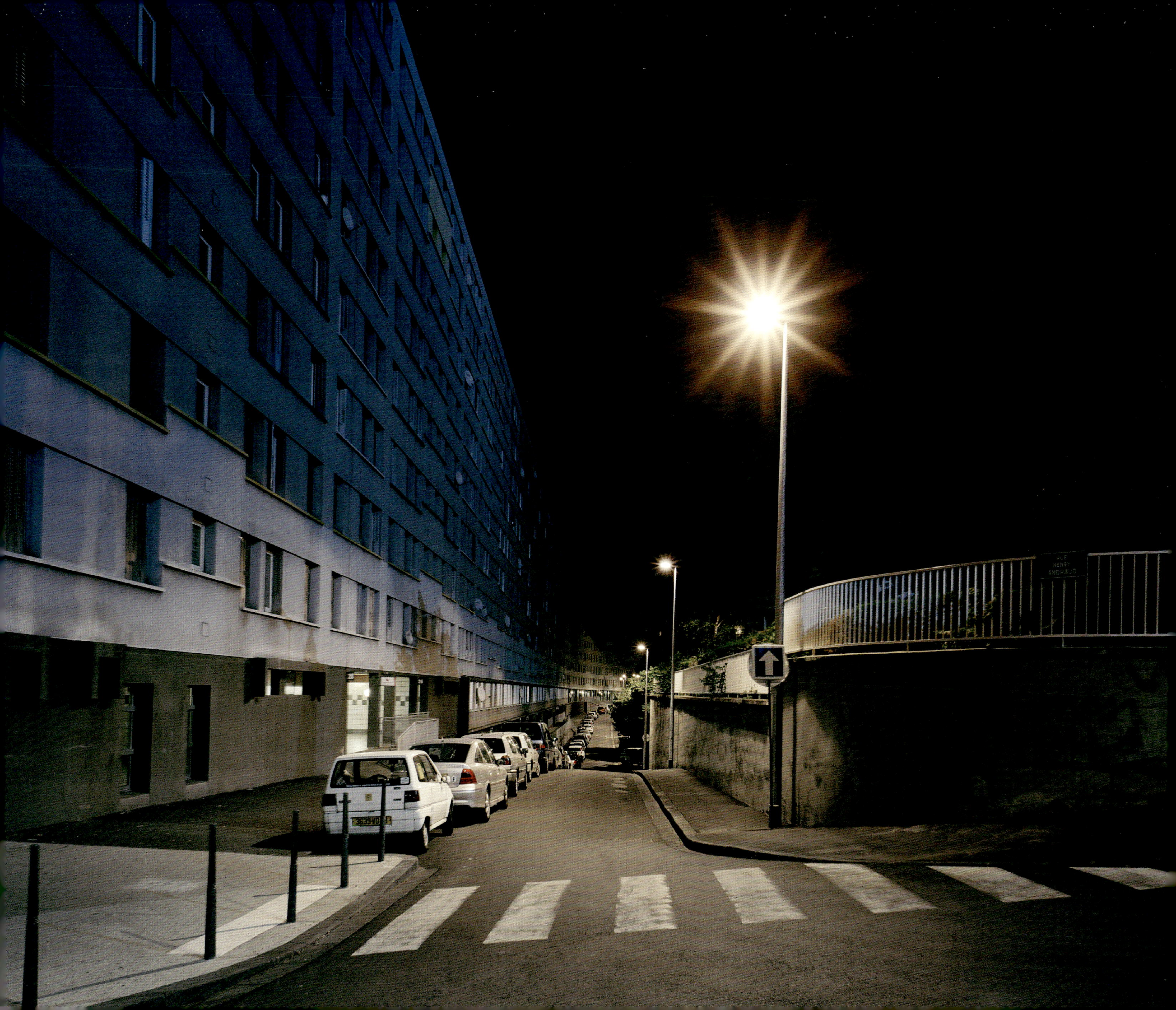
RUE
HENRY
ANDRAUD

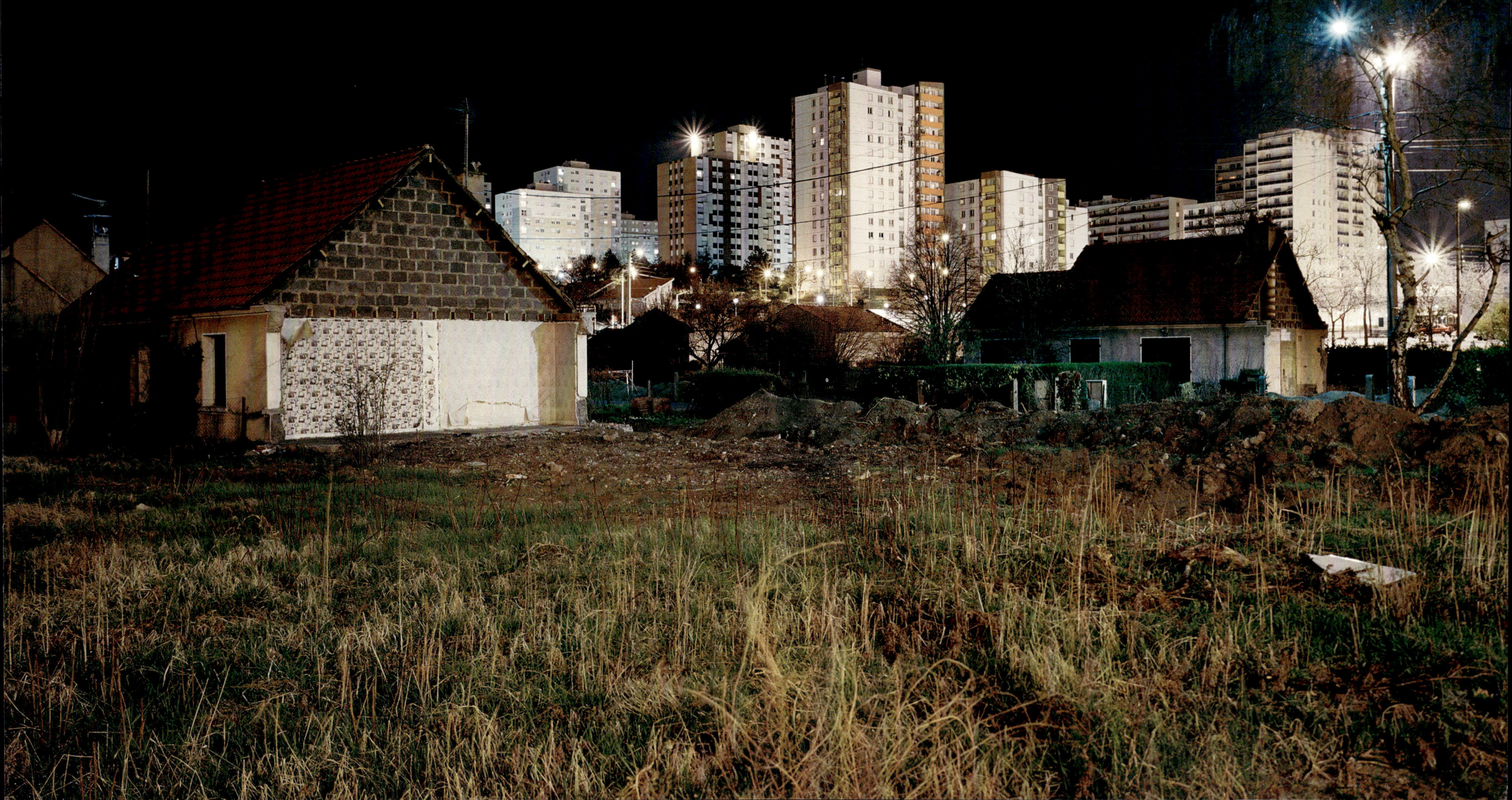

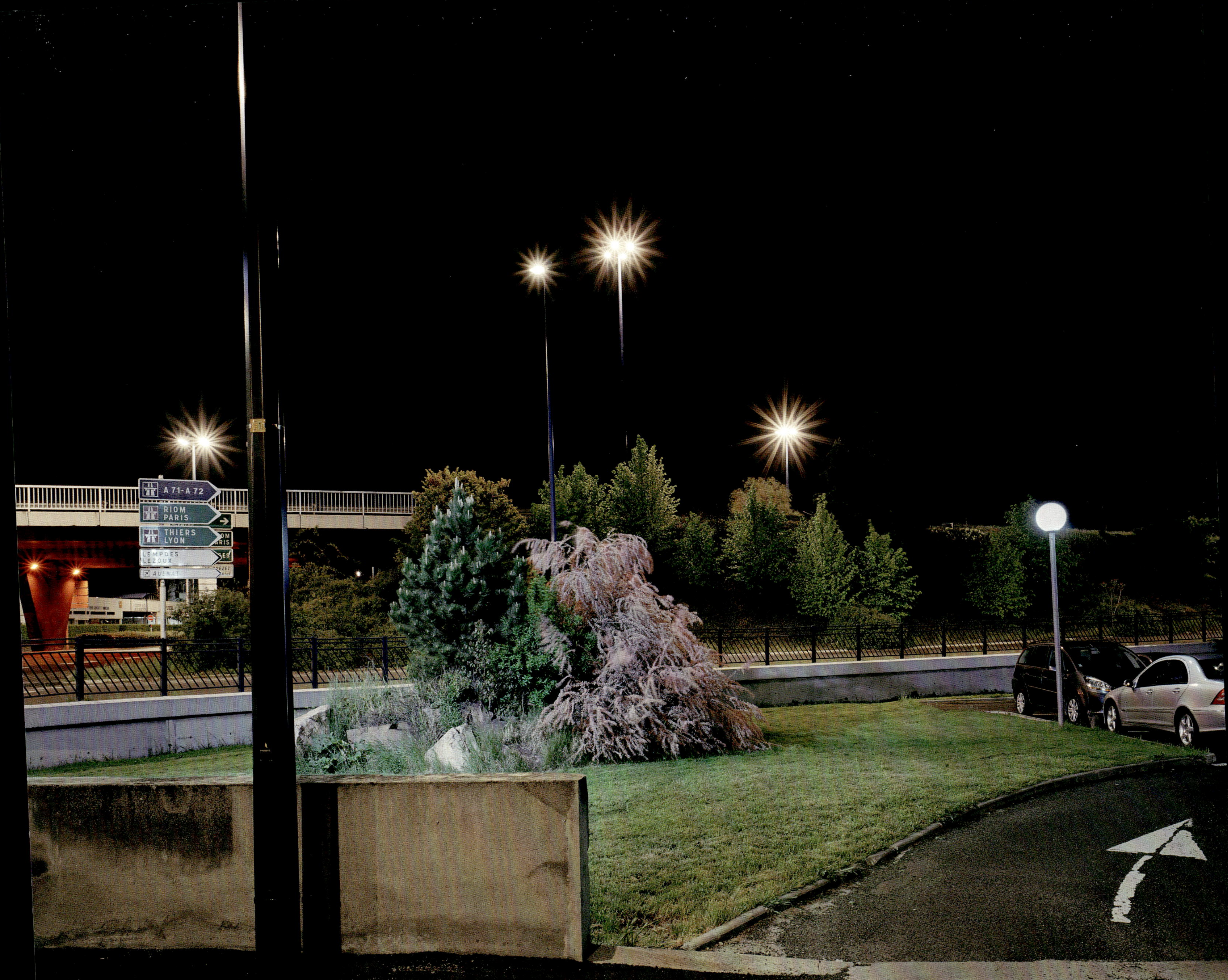
A 71-A 72
RIOM
PARIS
THIERS
LYON
LEMPDES
LEZOUX
AULNAT

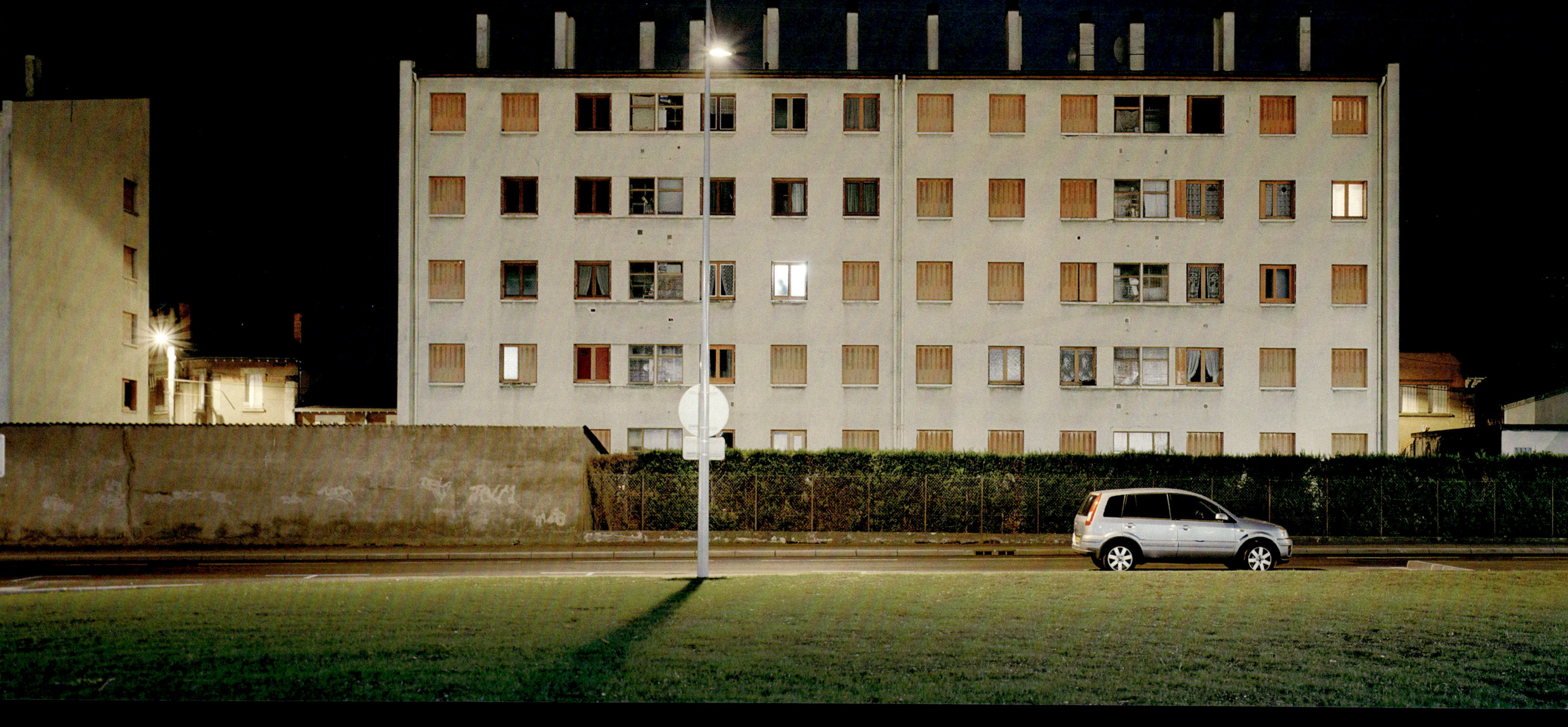

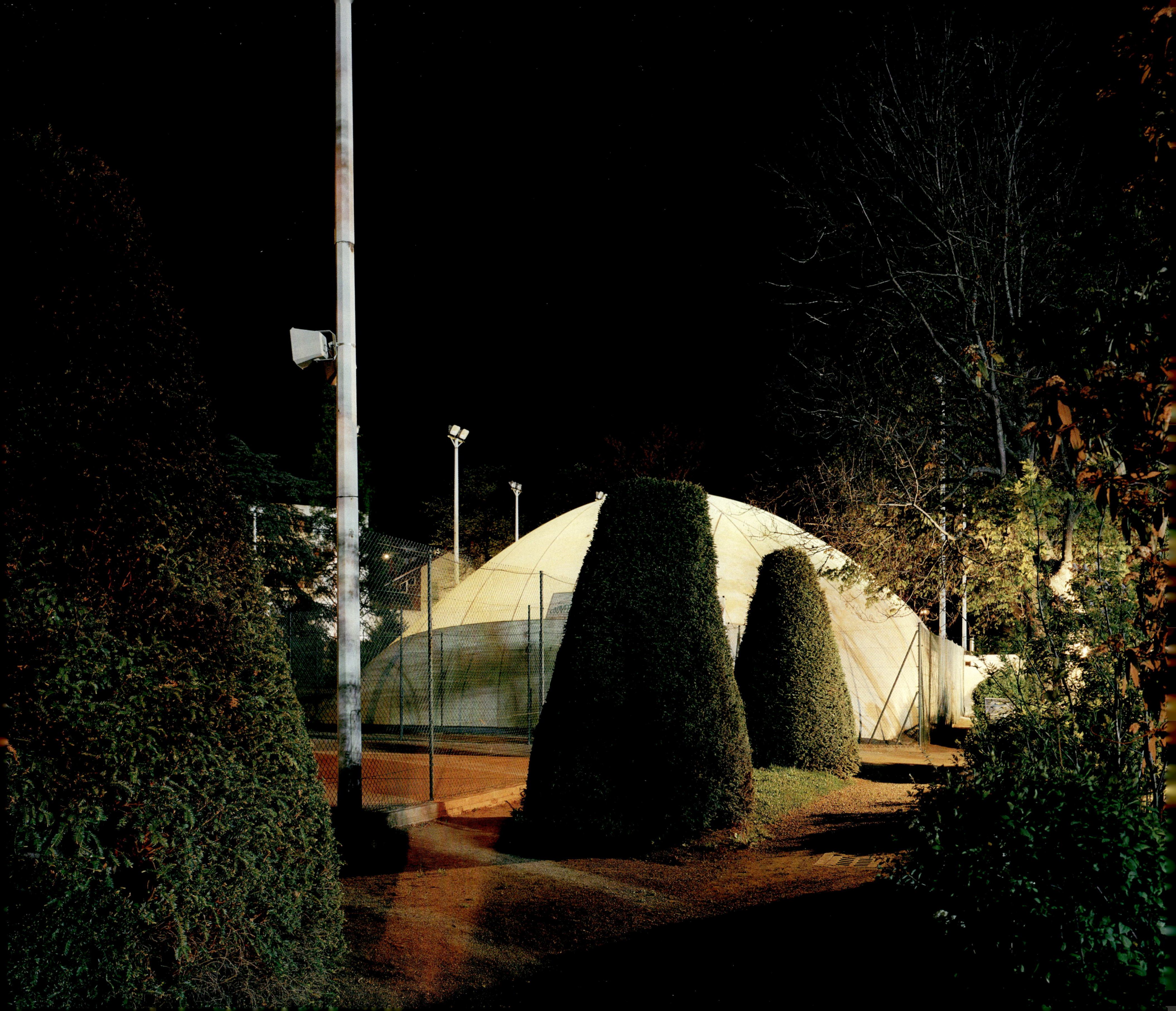

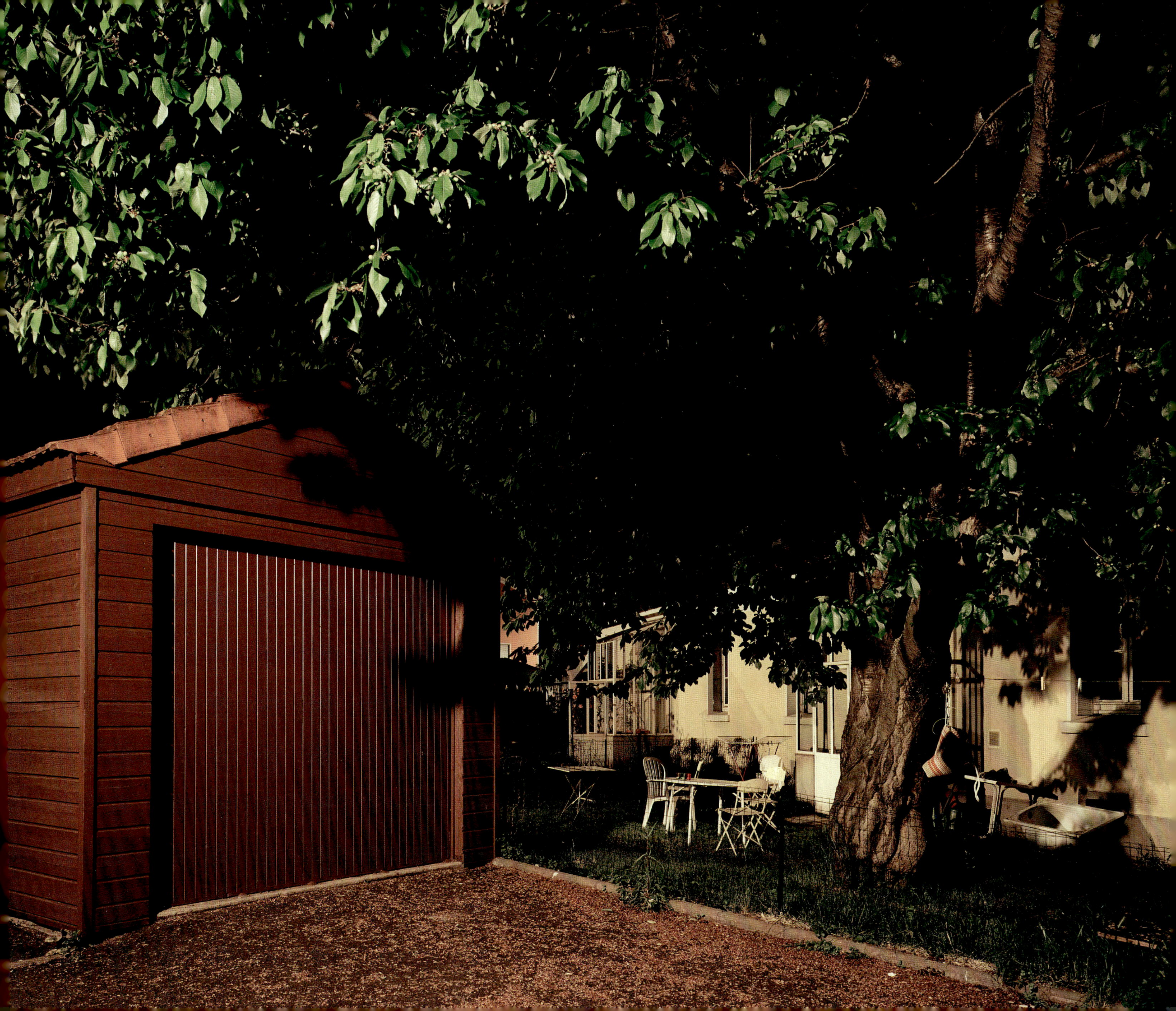

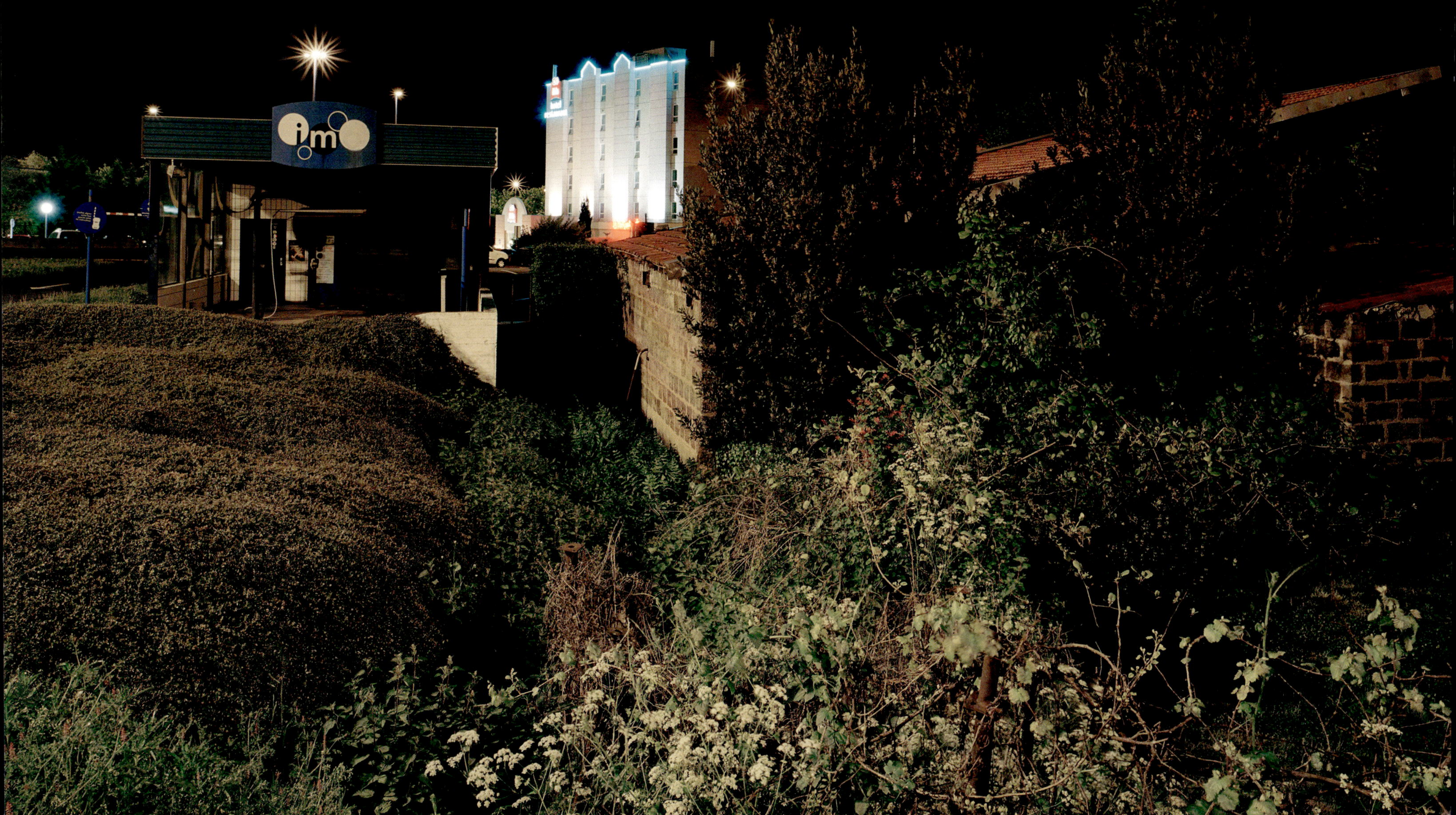

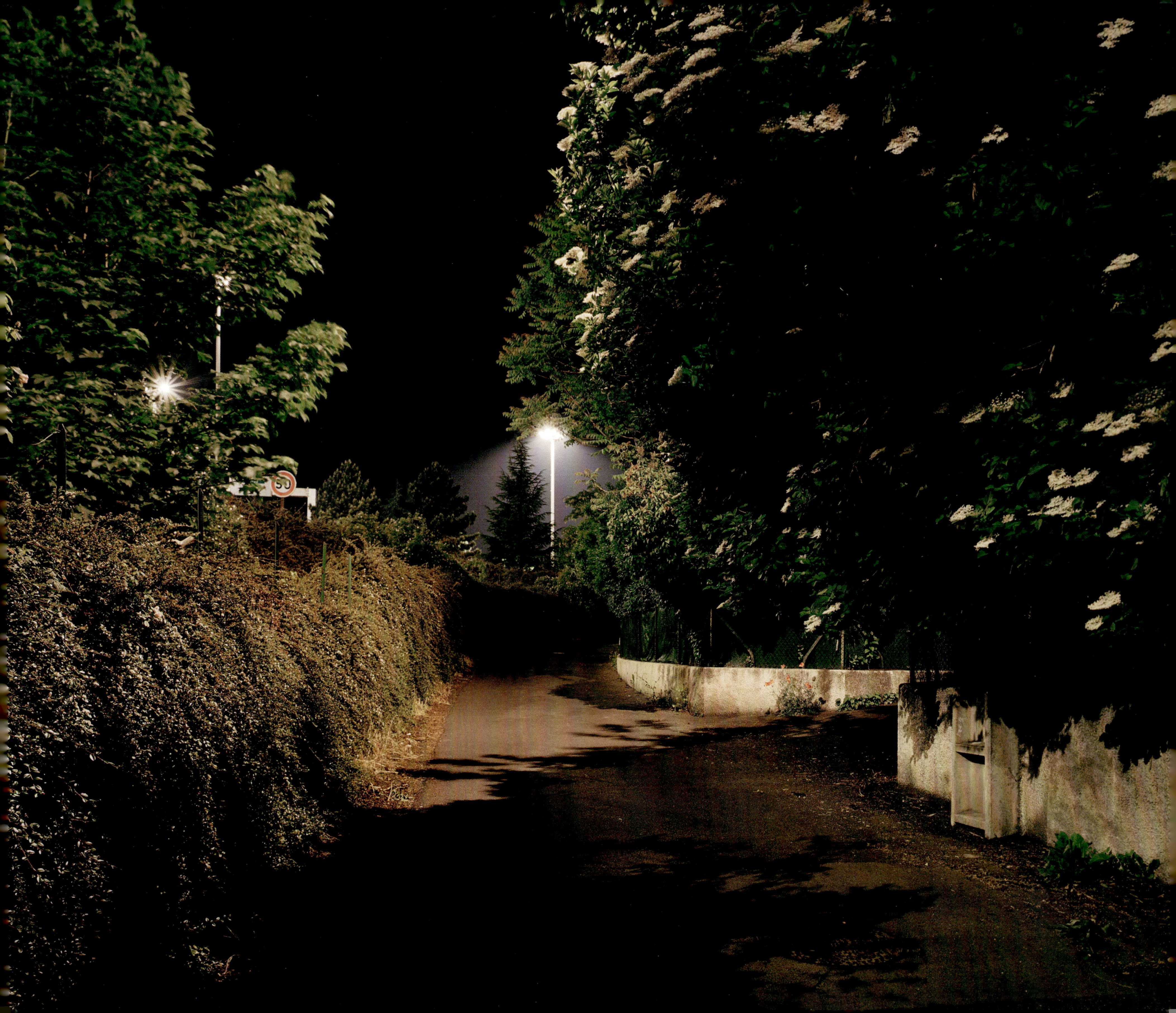
50

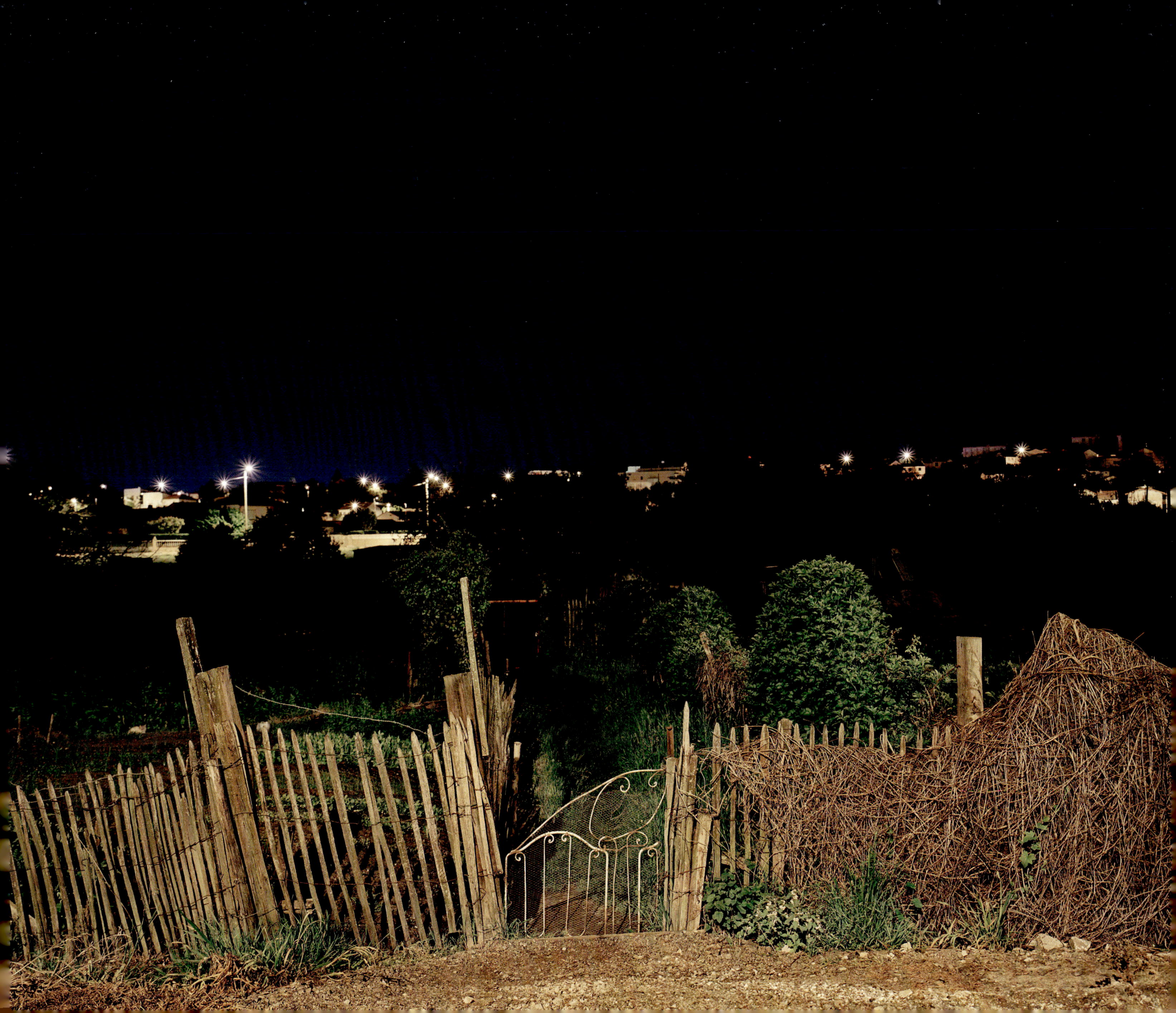

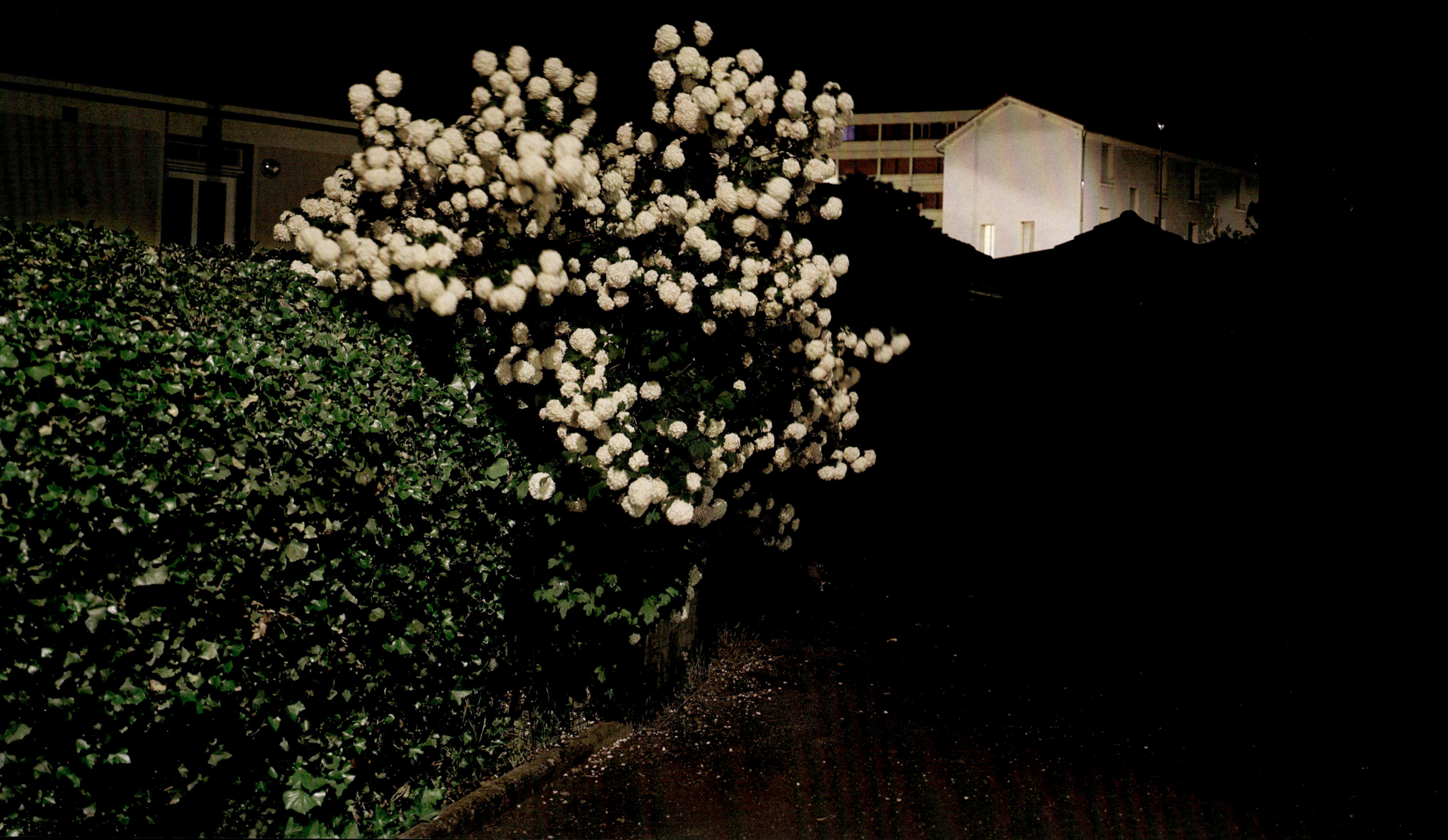

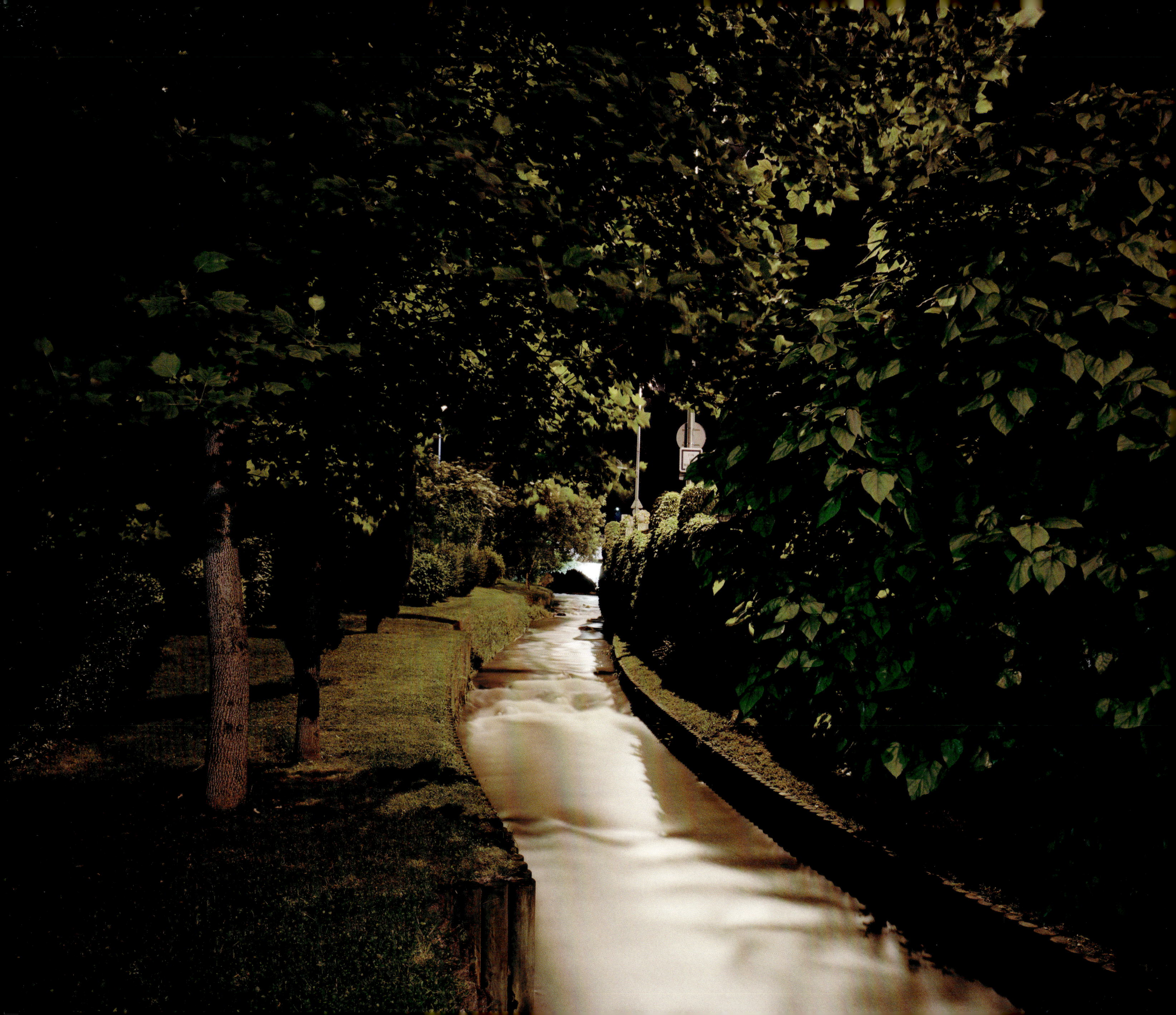

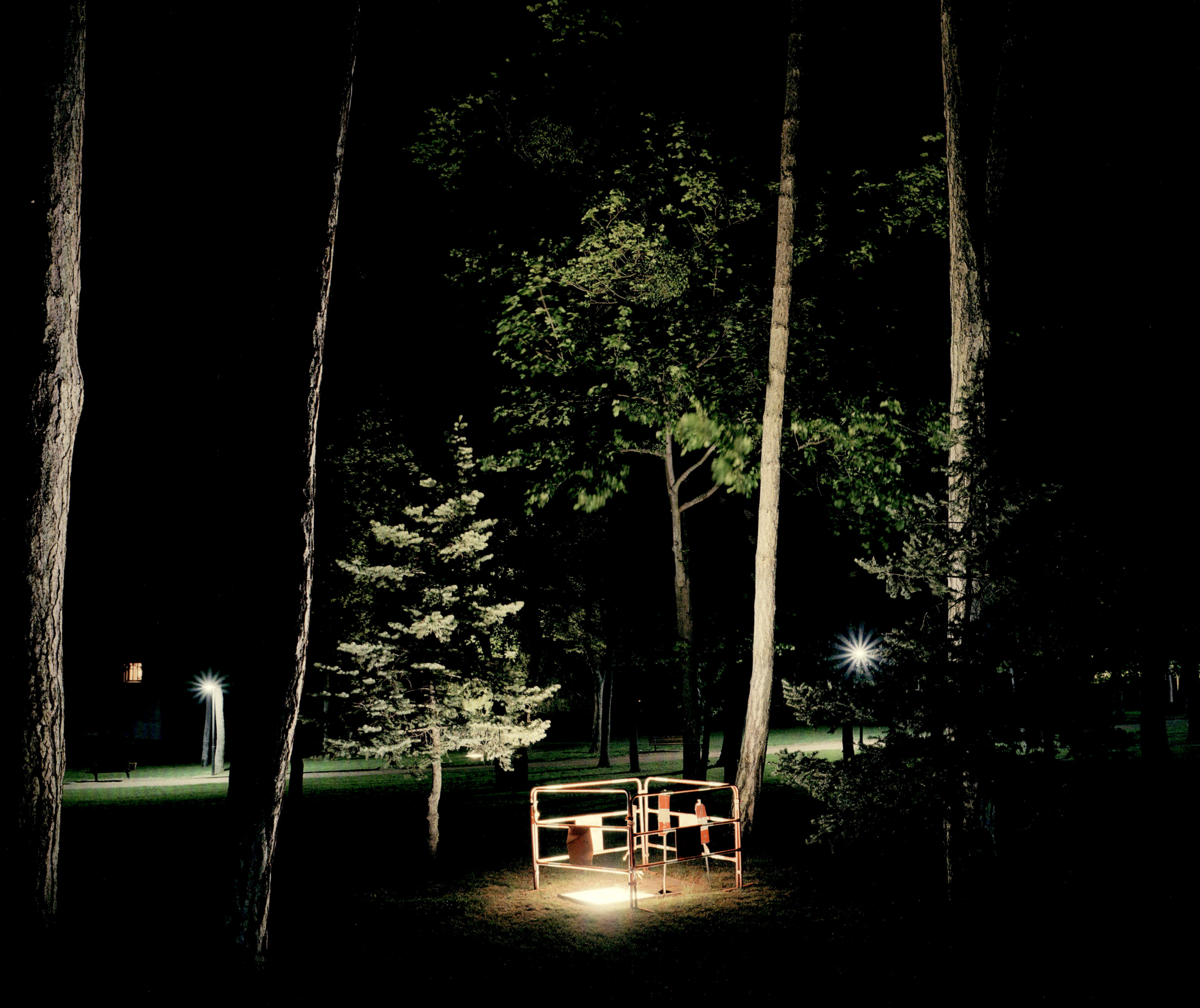

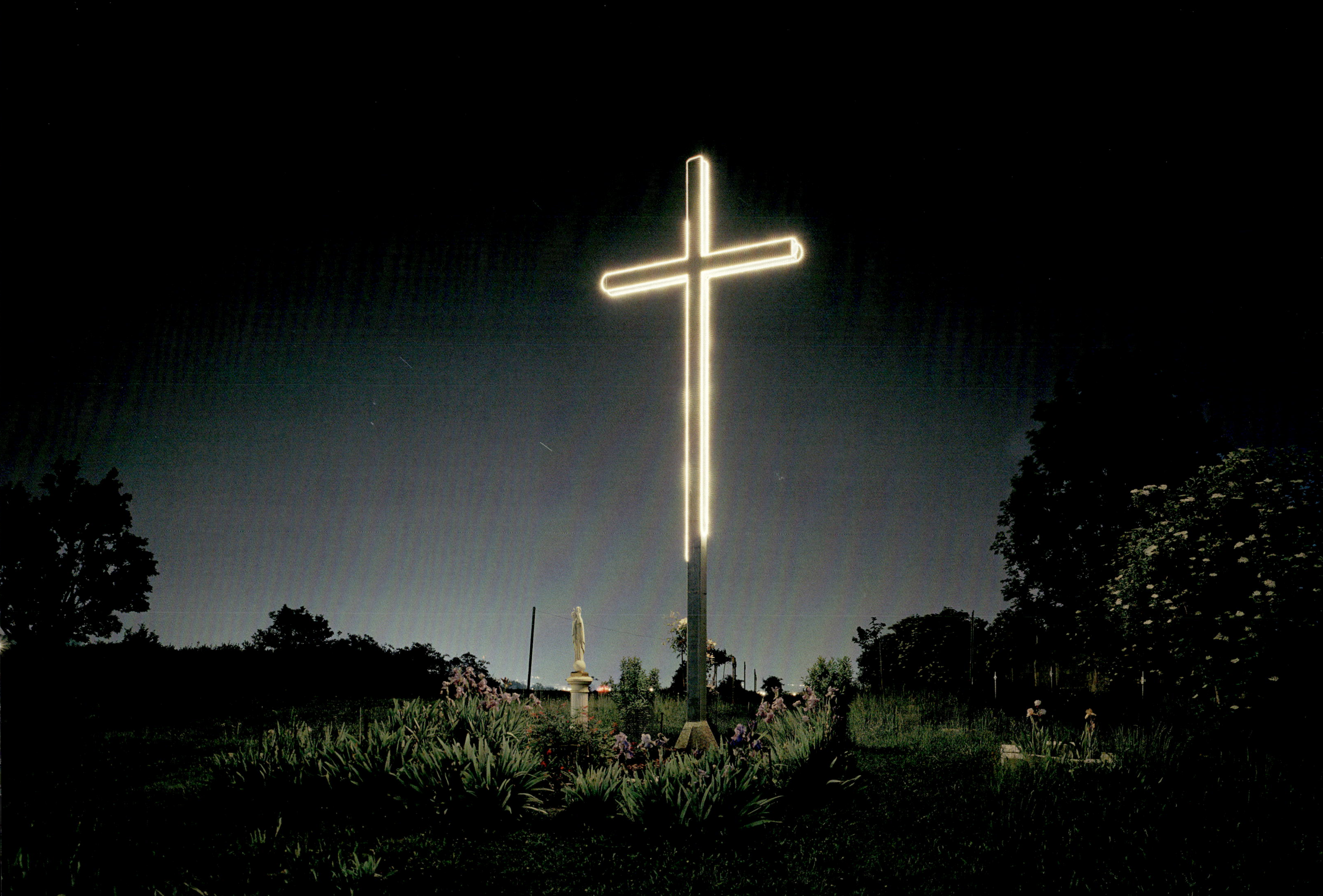

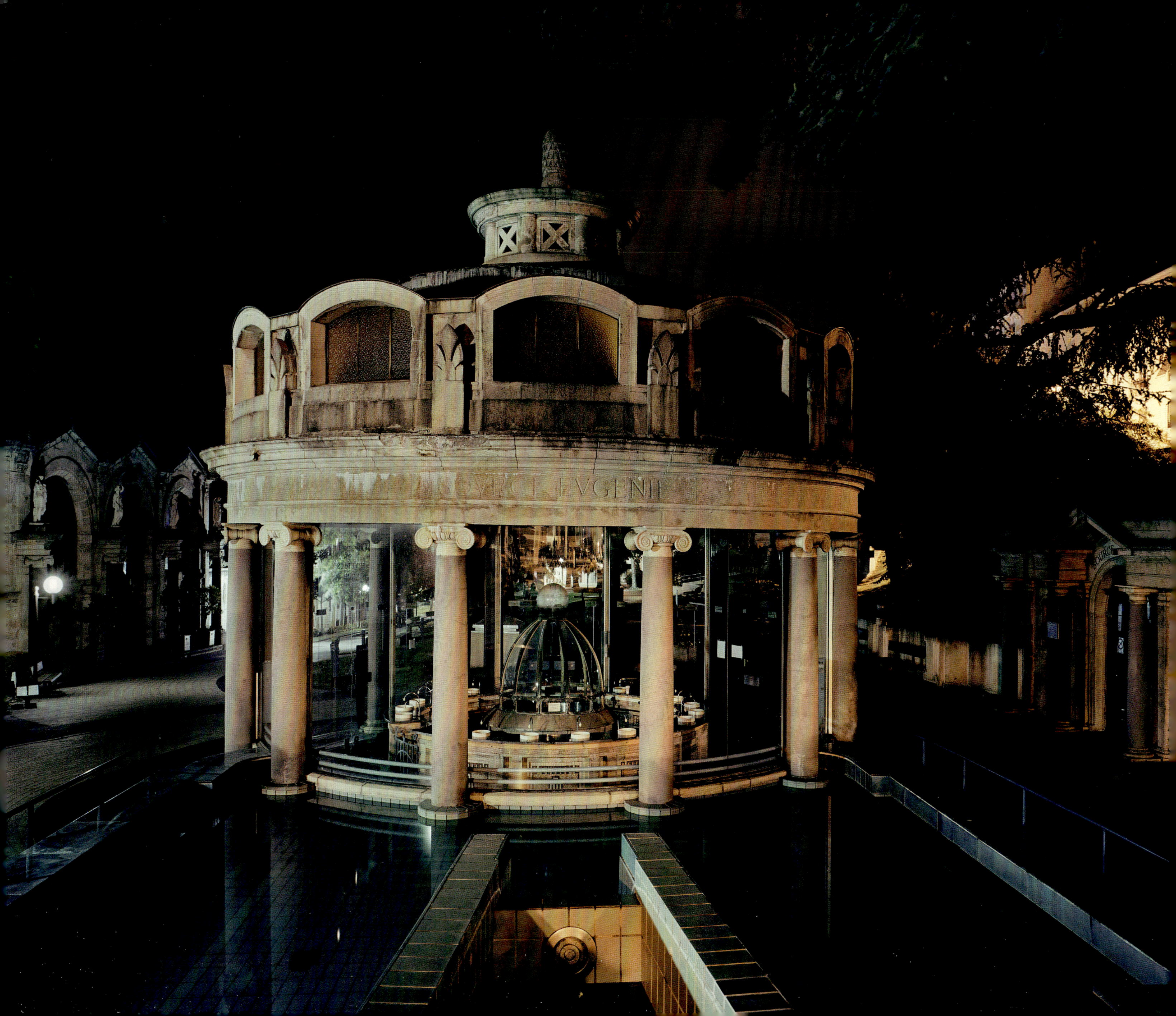

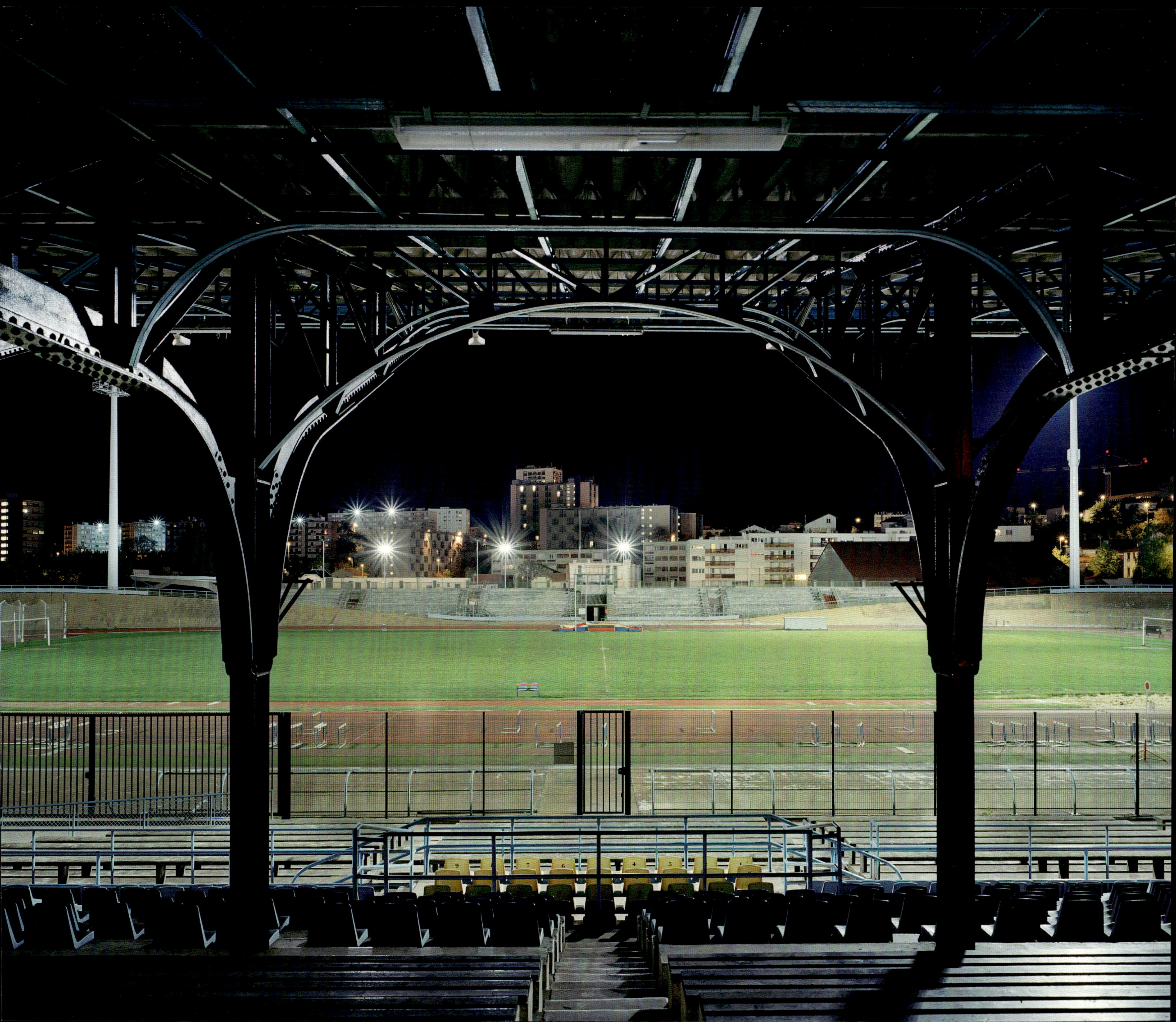

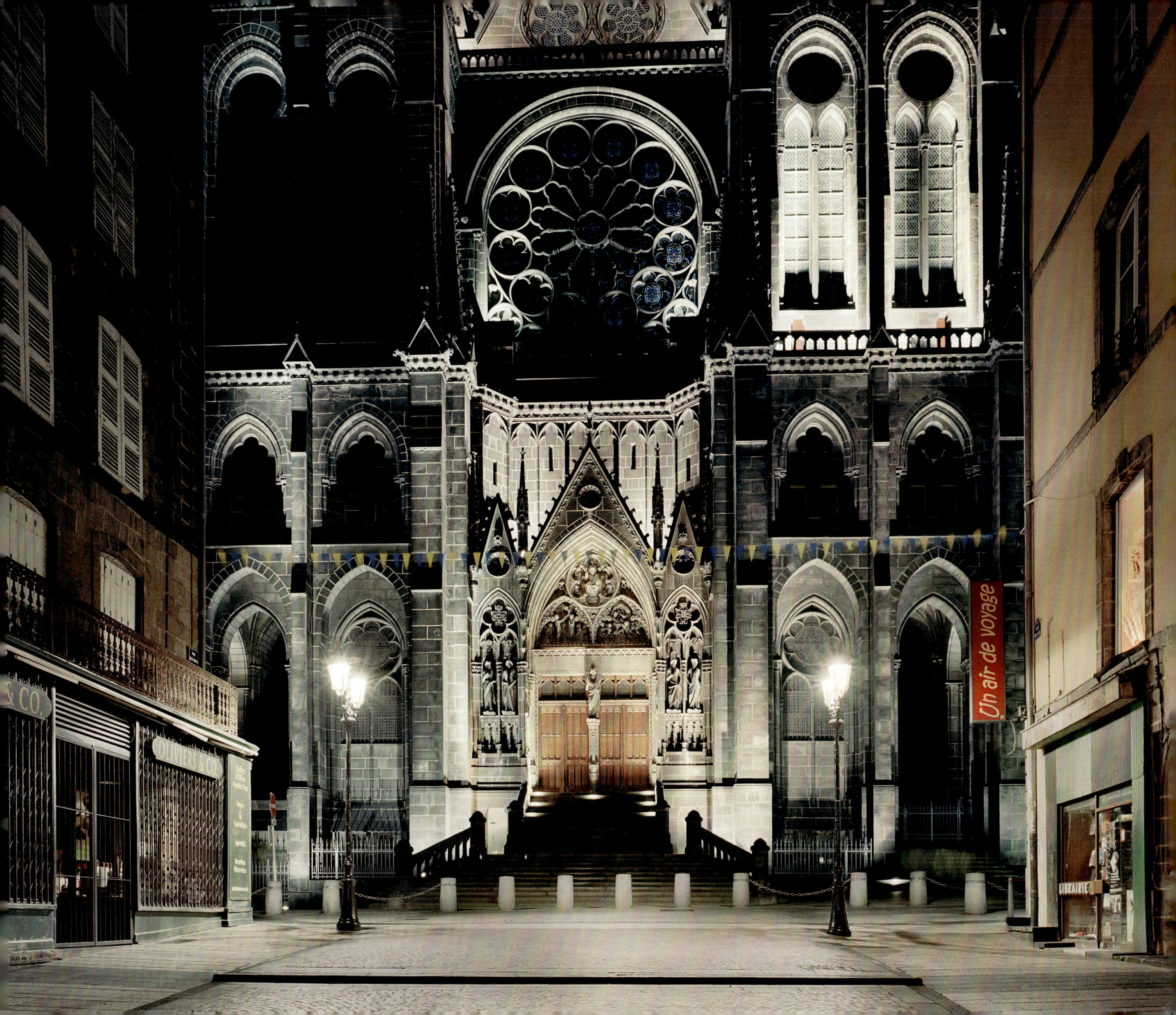
& CO.
OLIVIERS & CO.
Un air de voyage
LIBRAIRIE

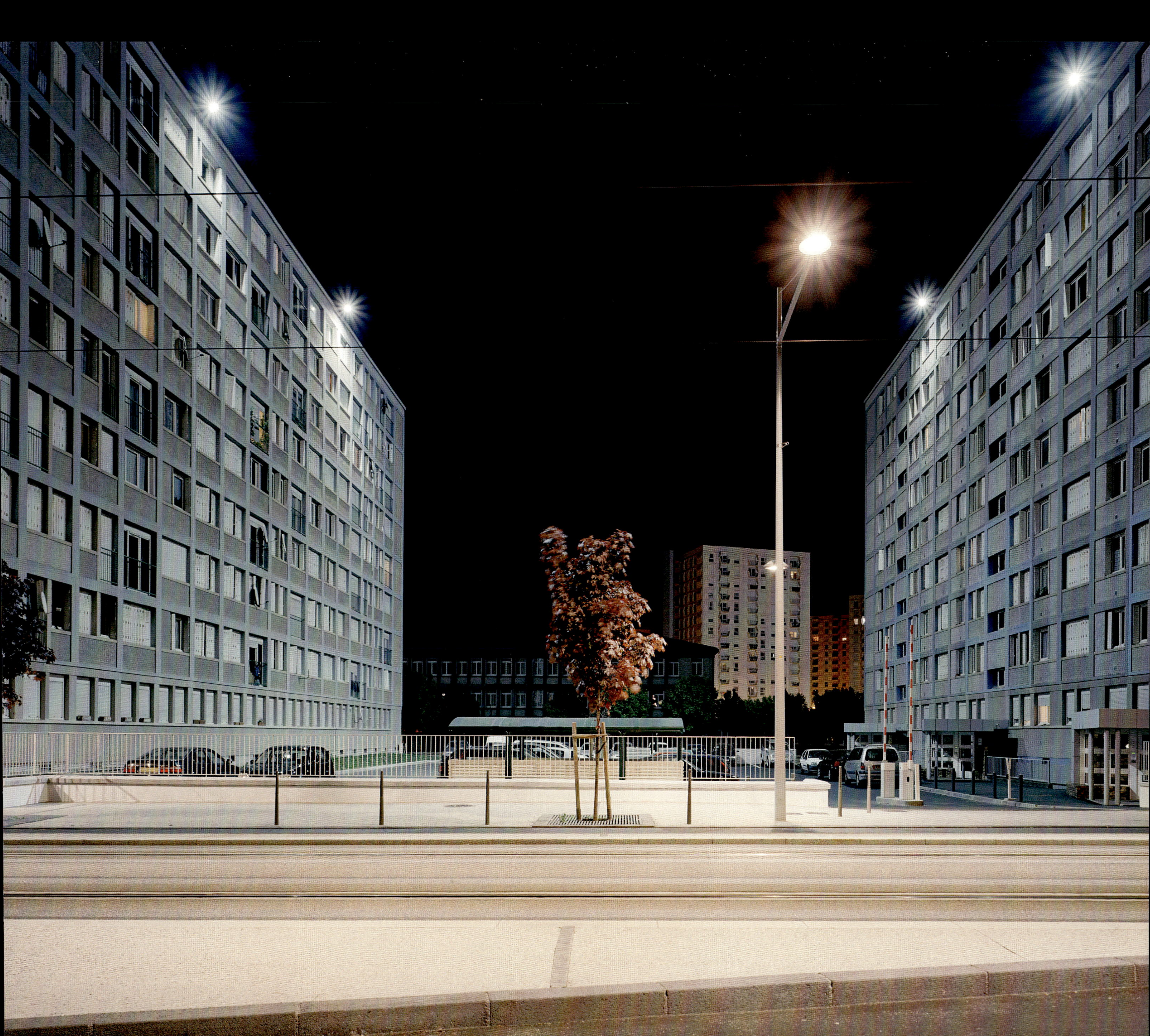

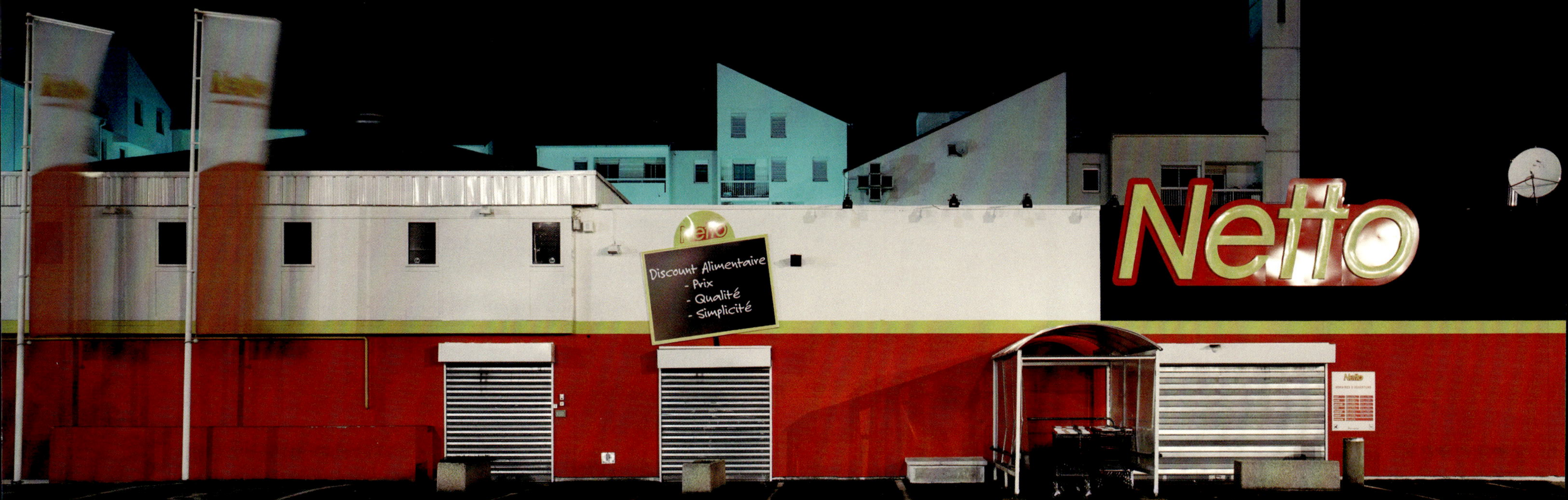
Netto
Discount Alimentaire
- Prix
- Qualité
- Simplicité
Netto

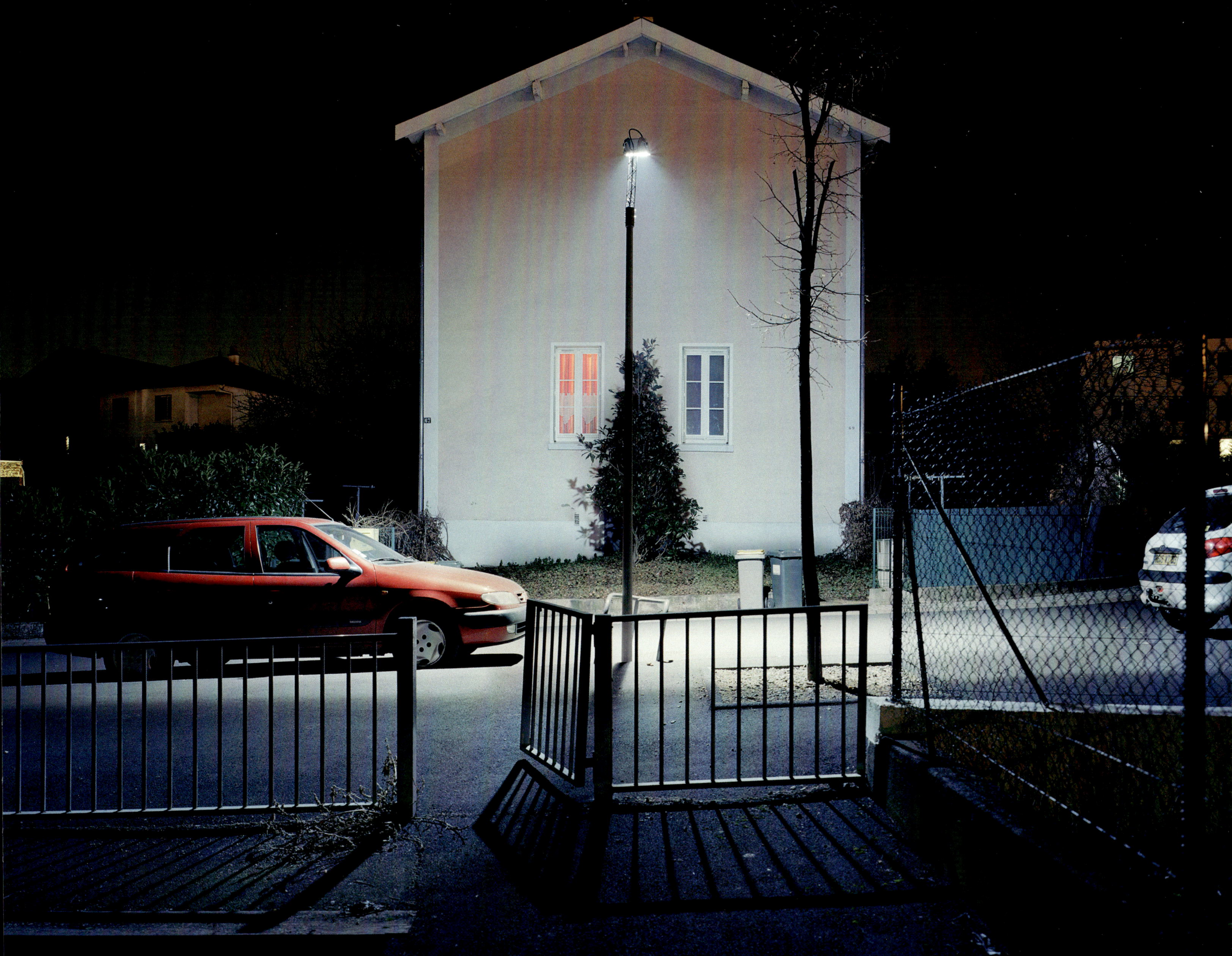

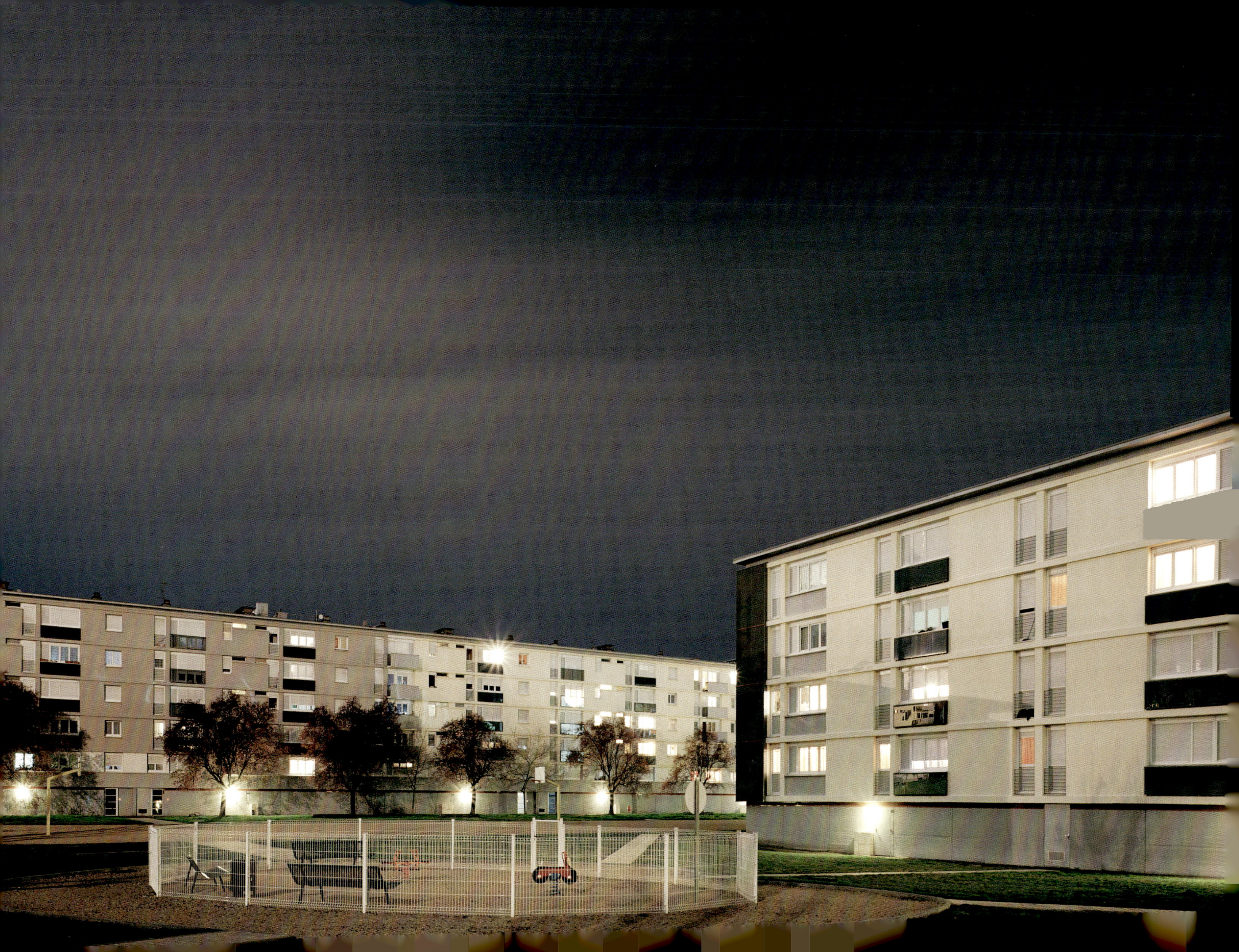

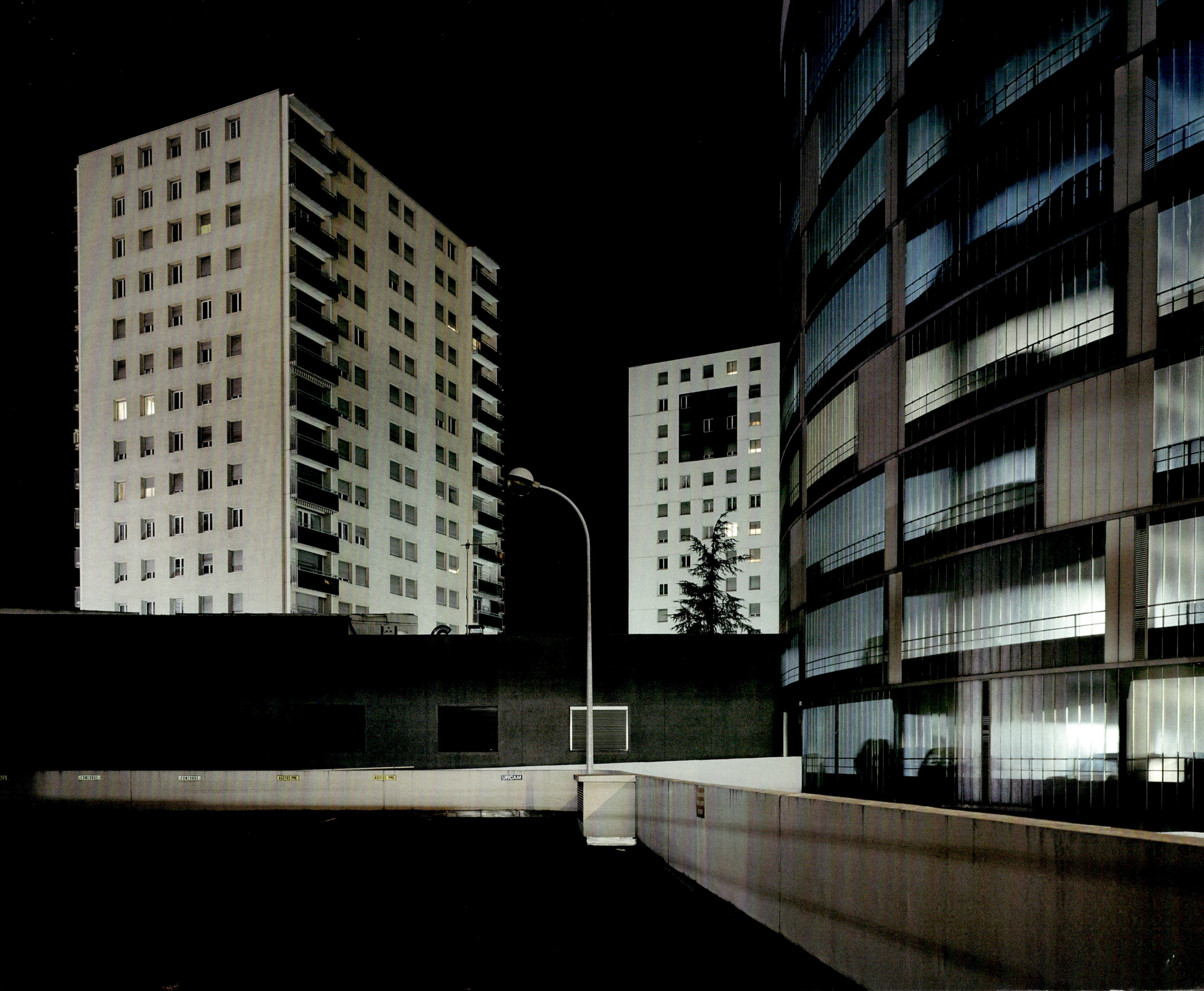
CONCORDE
CONCORDE
AGEFOS PME
AGEFOS PME
URCAM

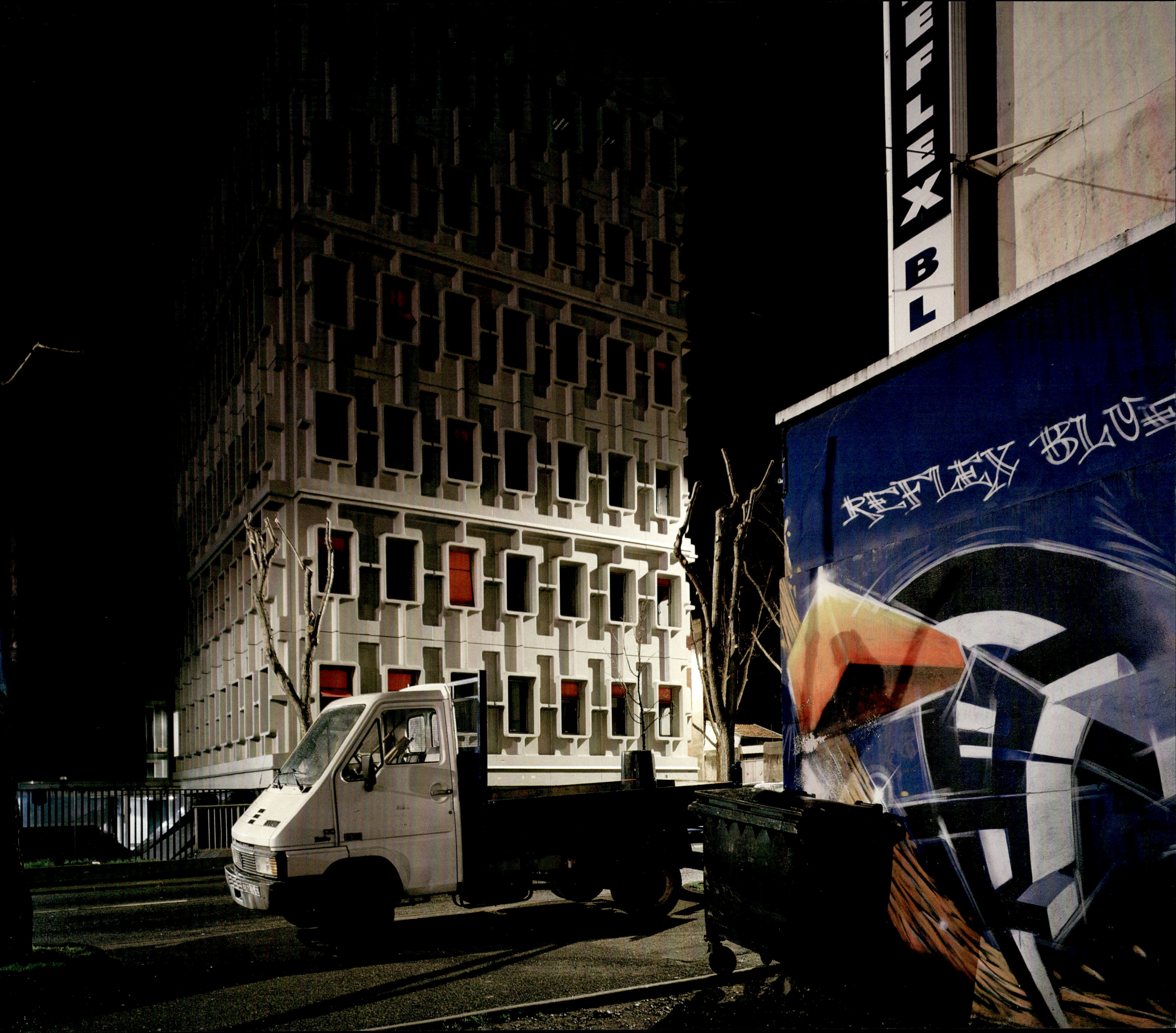
EFLEX BL
REFLEX BLU
REFLEX

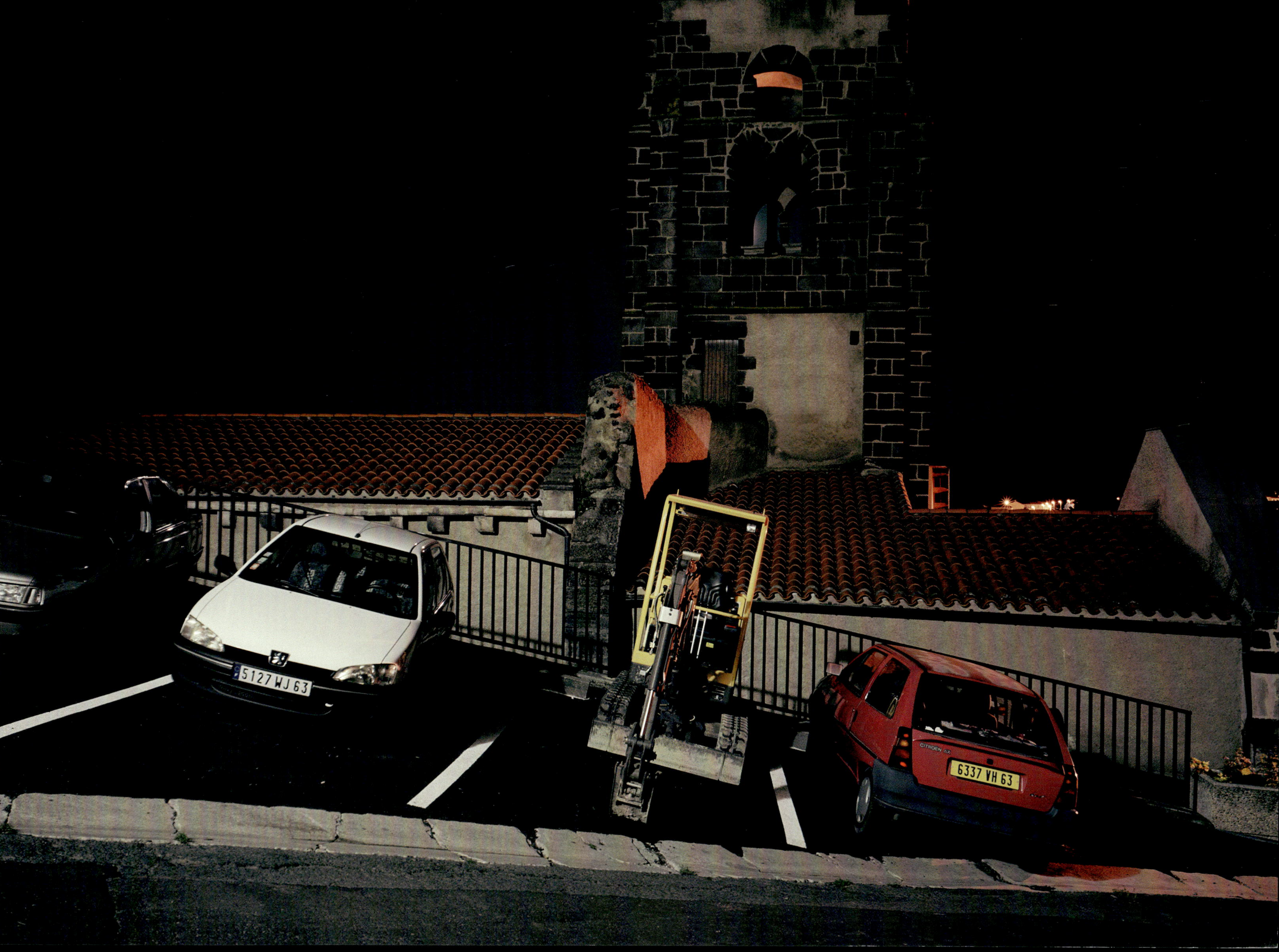
5127 WJ 63
6337 VH 63

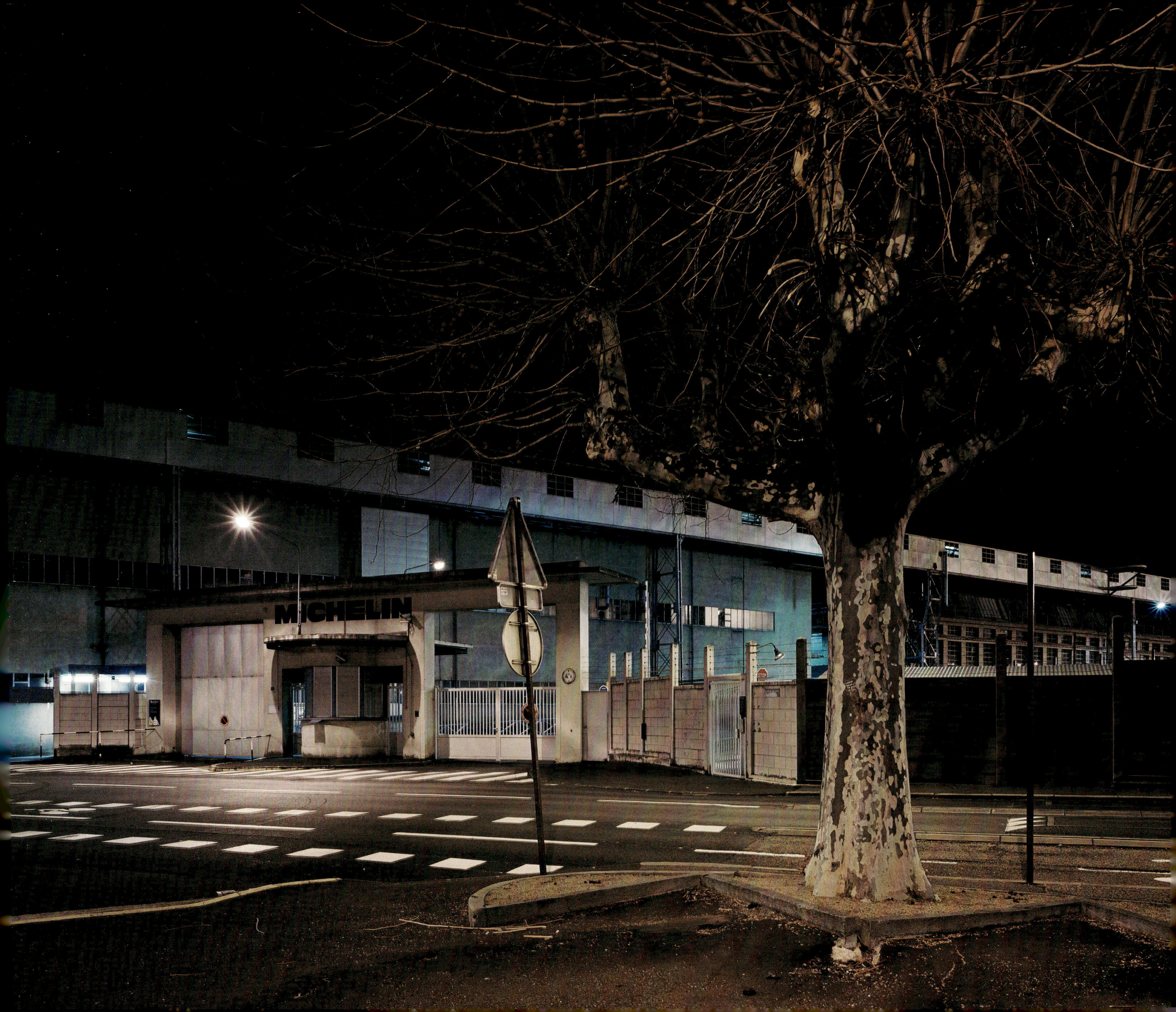
MICHELIN

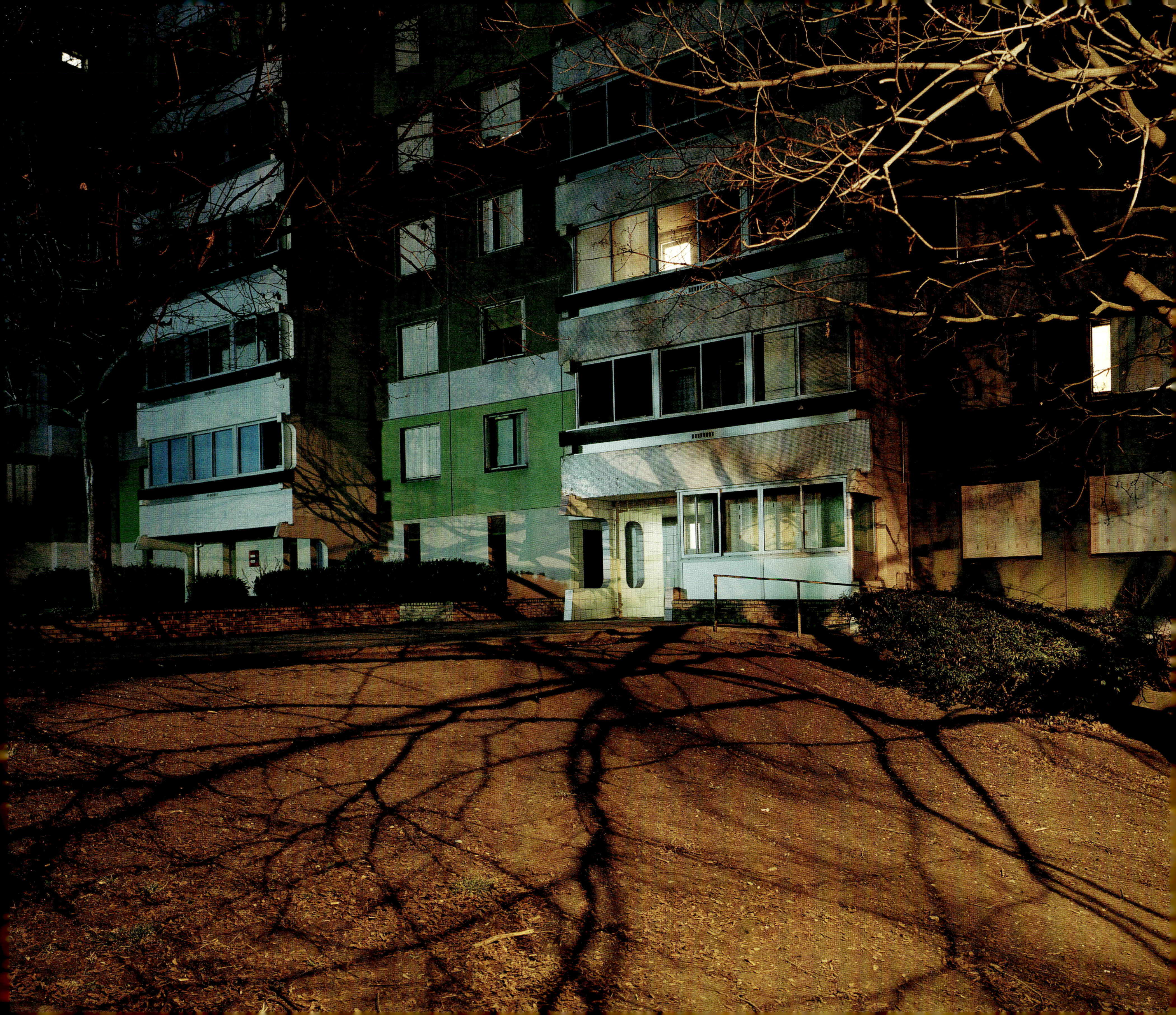

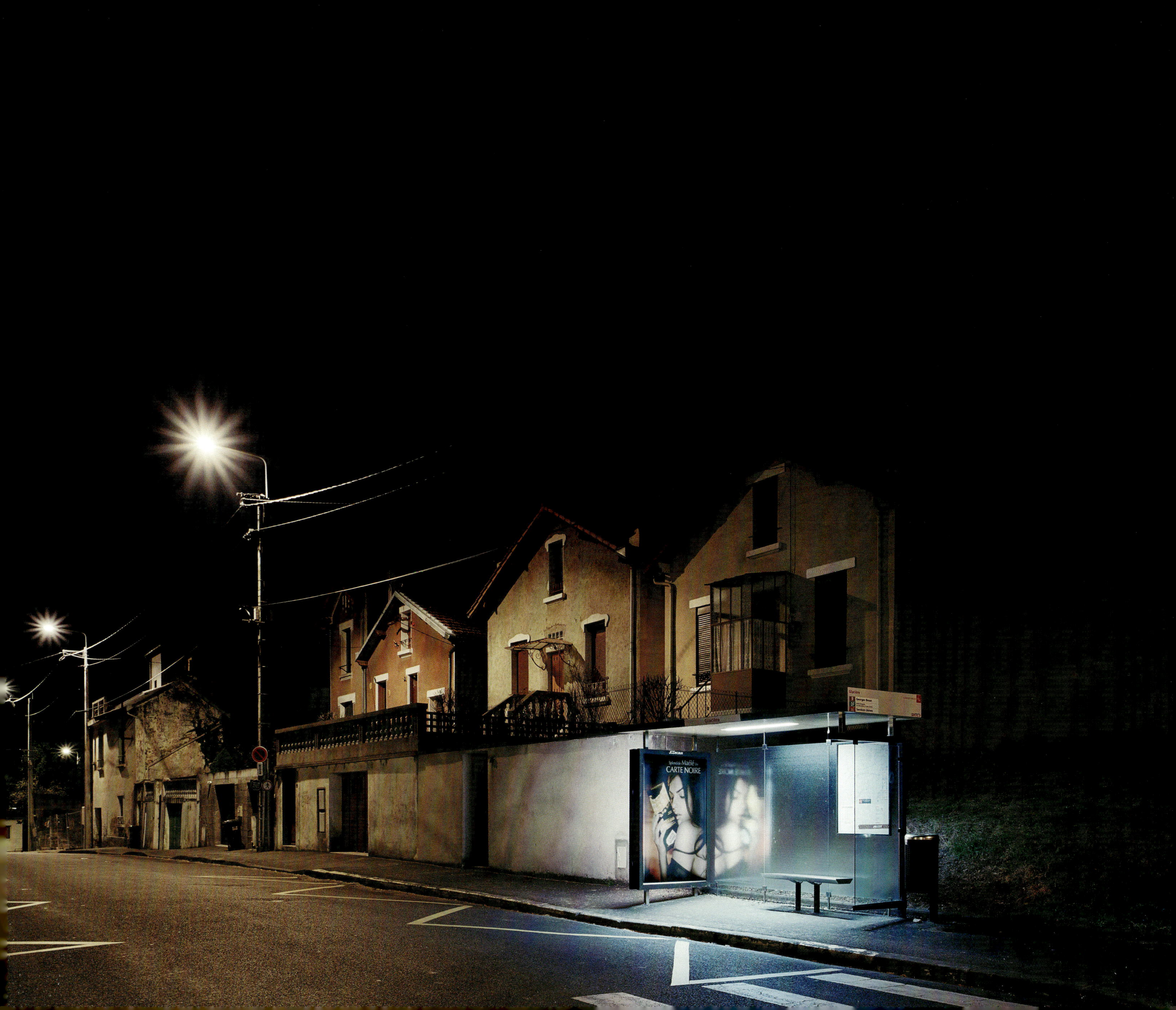
JCDecaux
Splendide Maélé
CARTE NOIRE

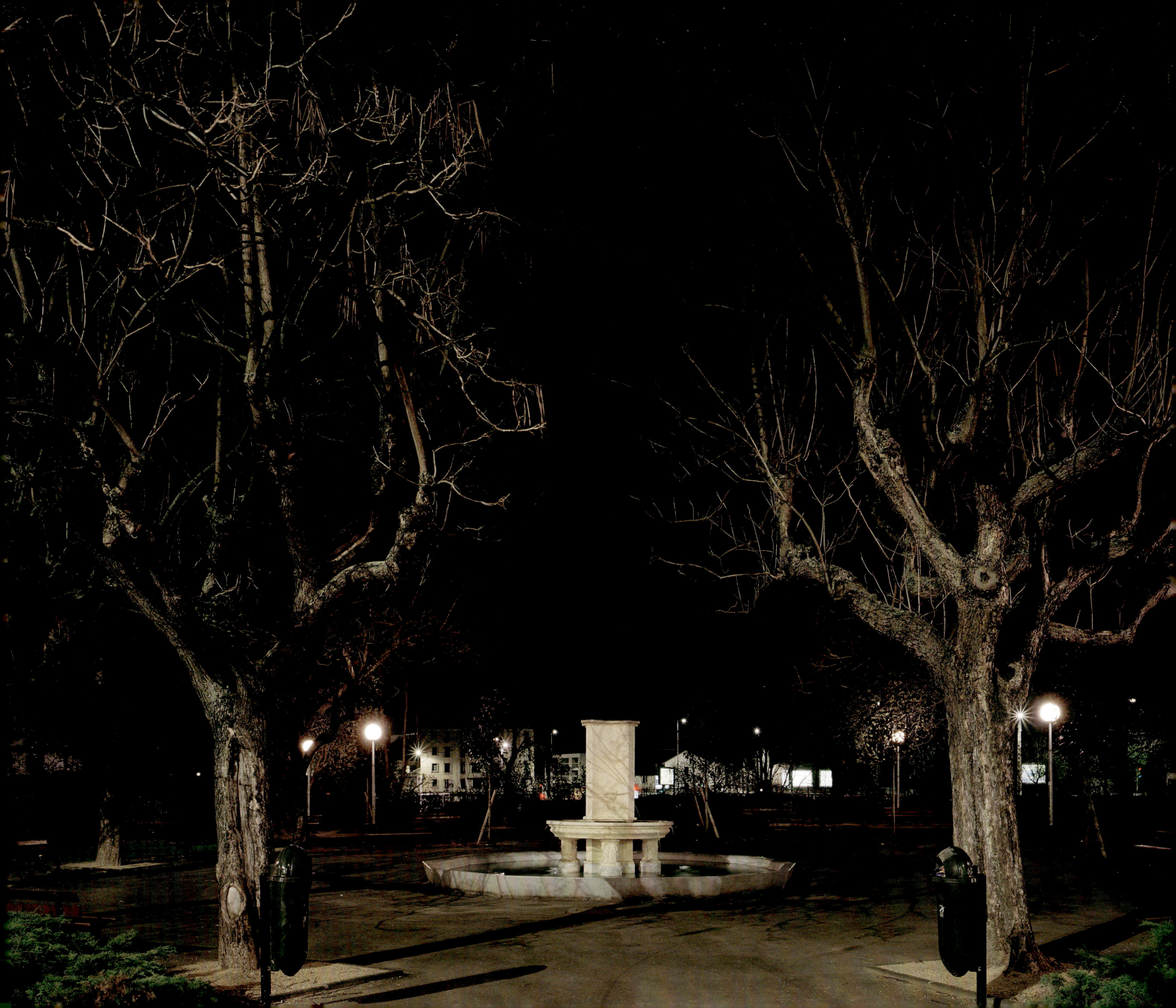

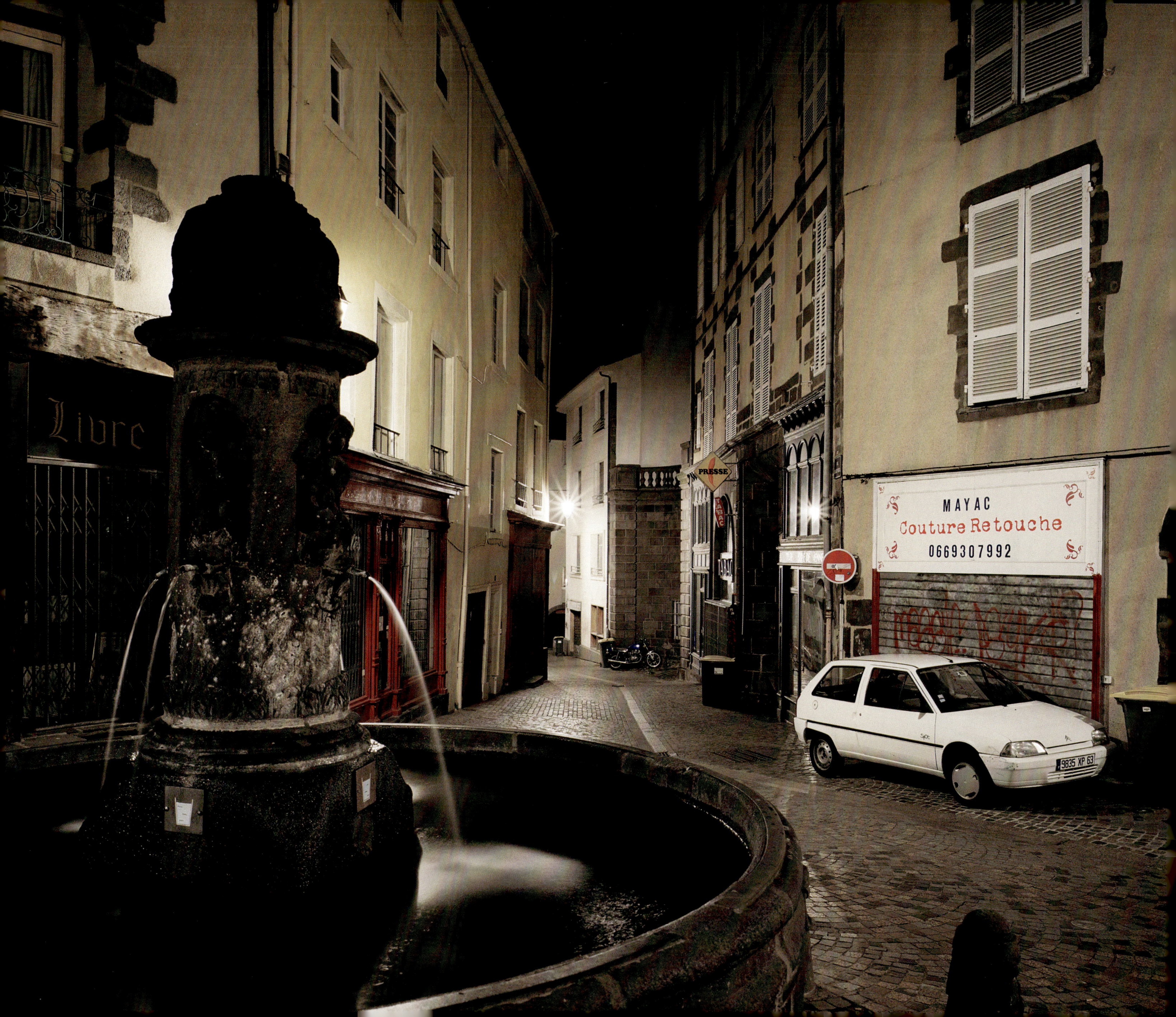
Livre
PRESSE
TABAC
MAYAC
Couture Retouche
0669307992
9835 XP 63

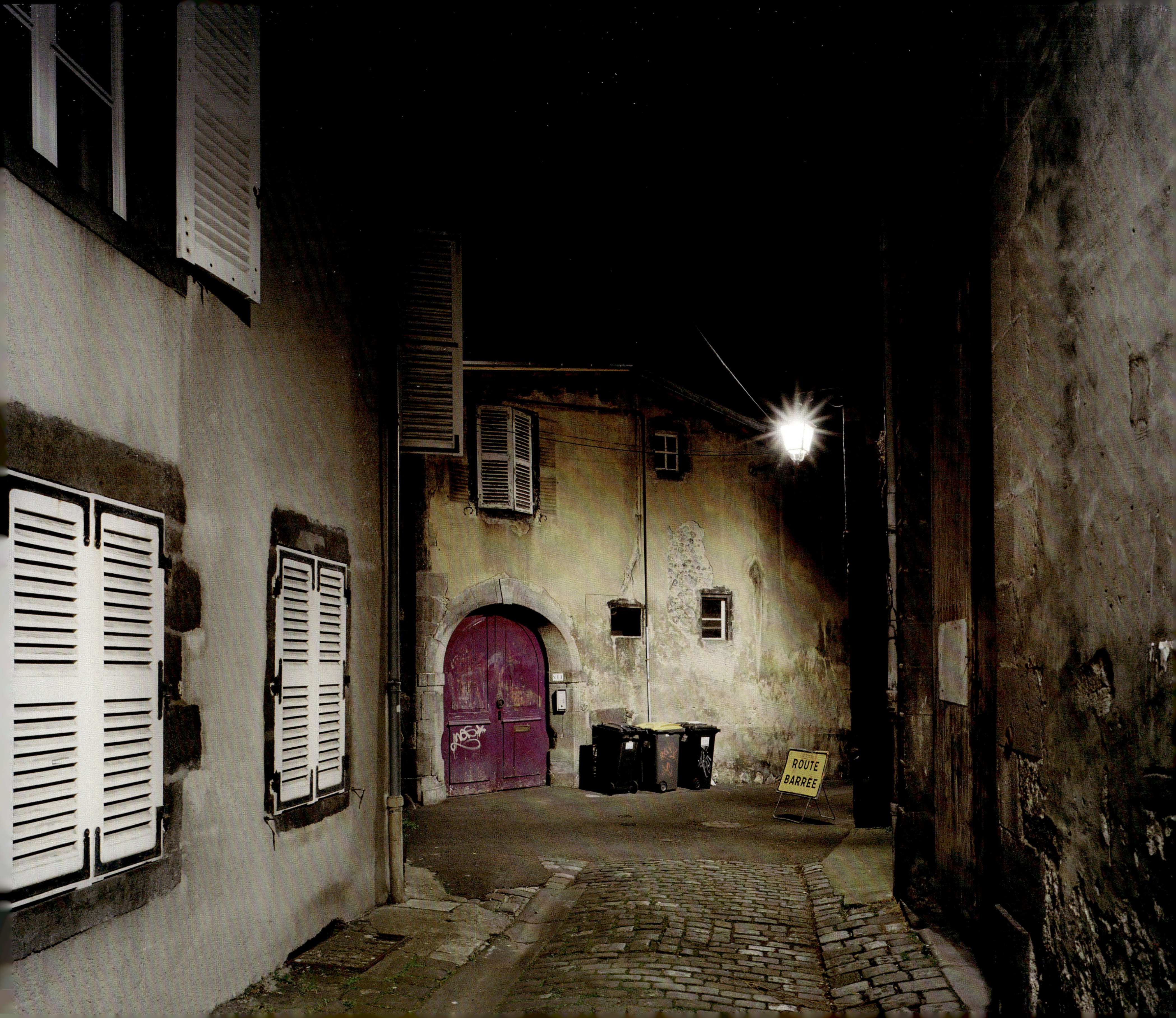
ROUTE
BARRÉE

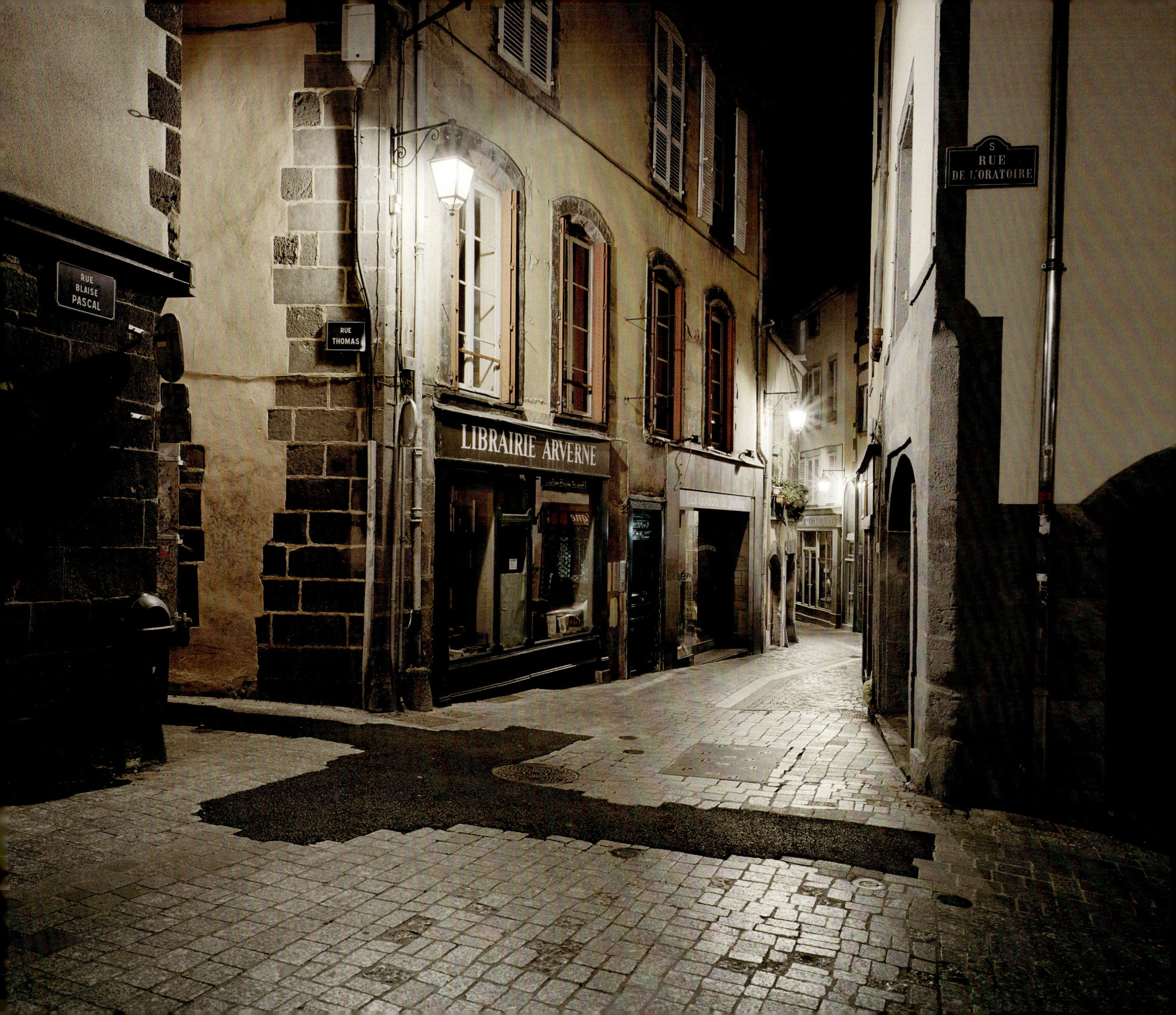
RUE
BLAISE
PASCAL
RUE
THOMAS
LIBRAIRIE ARVERNE
S
RUE
DE L'ORATOIRE

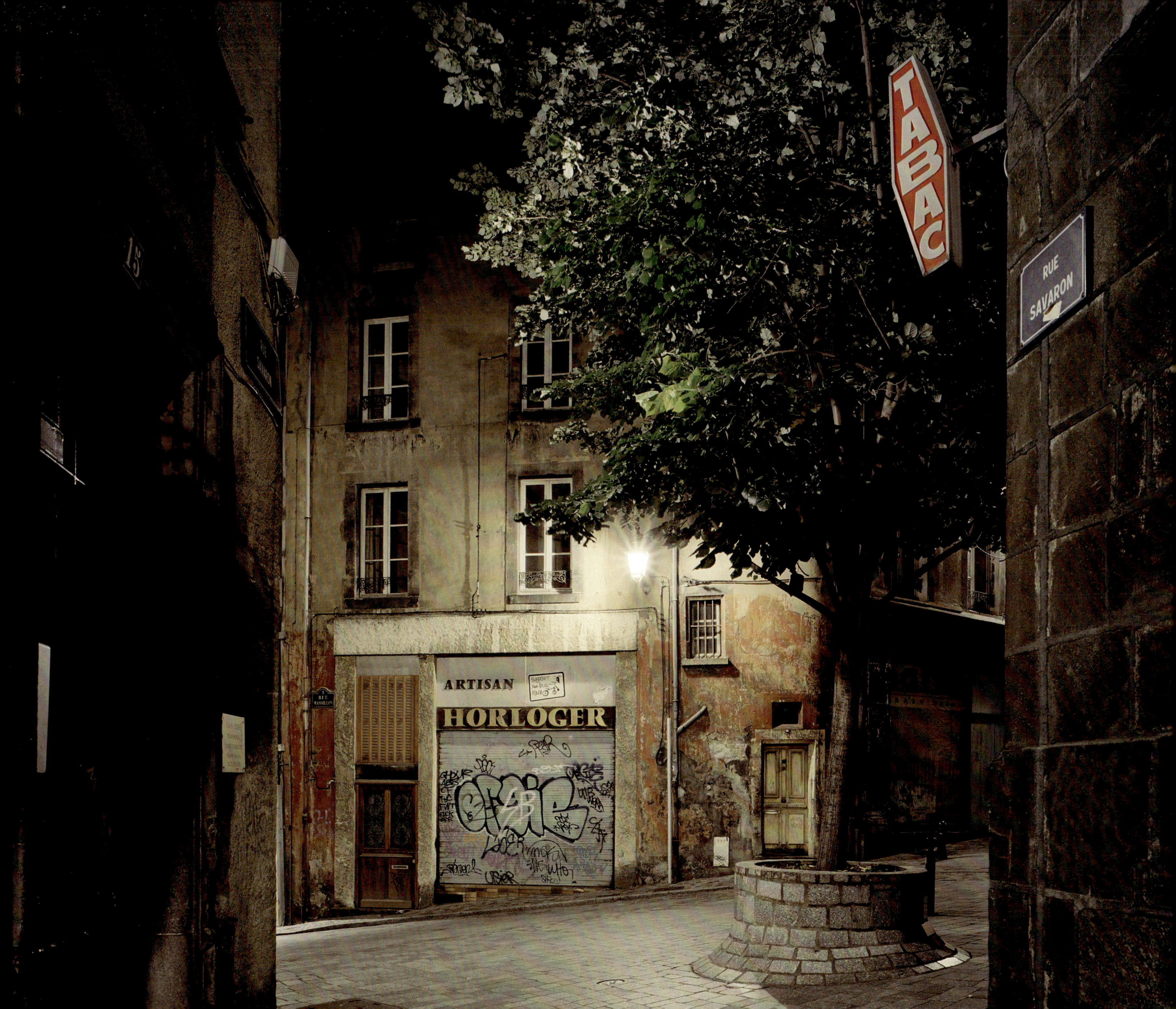
TABAC
RUE
SAVARON
ARTISAN
HORLOGER

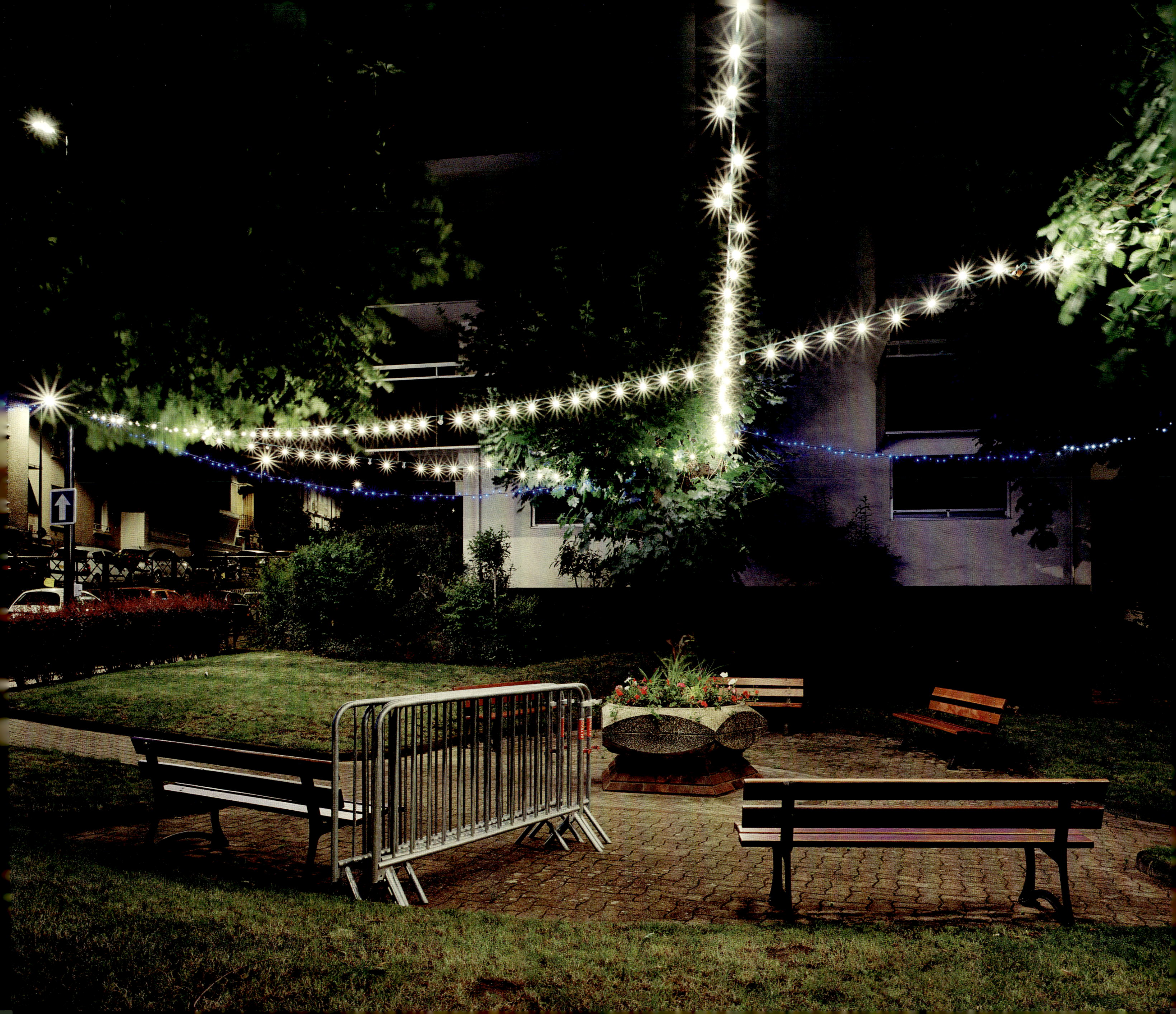

Postface
Afterword

Nathalie Roux

Conservatrice en chef
Directrice du Musée d'Art Roger-Quilliot, Clermont-Ferrand

Chief Curator
Director, Musée d'Art Roger-Quilliot, Clermont-Ferrand

Paysages Ultramodernes

108

« Les activités humaines s'inscrivent peu à peu dans le paysage de sorte que tout rocher, tout grand arbre, tout cours d'eau ou étang devient un lieu familier. Le passage quotidien à travers le paysage prend ainsi pour les individus la forme d'une rencontre biographique qui rappelle à la mémoire les traces d'activités et d'événements passés. Tous les sites et les paysages font donc partie de la temporalité sociale et individuelle de la mémoire. »

Christopher Tilley, In *Phénoménologie du paysage*

Le musée d'art Roger-Quilliot de Clermont-Ferrand a initié une politique d'acquisition de photographies sur la thématique paysage/environnement - déjà bien représentée dans les collections - afin de nouer des dialogues avec les collections de peinture et d'art graphique.
Parallèlement, cette décennie la ville a donné une forte visibilité à la photographie en tant que médium contemporain de création et a invité depuis 2005 des photographes contemporains de renom en résidence d'artiste dans la capitale auvergnate. Chacun a totale liberté pour poser son regard sur Clermont-Ferrand, ses limites territoriales, son histoire, son urbanisme, ses habitants, l'activité de la cité. A la suite de cette résidence, avec une aide à la production, une exposition personnelle est proposée et une pièce est conservée dans le fonds muséographique, dont la richesse patrimoniale est ainsi renforcée. Après les résidences de Charles Fréger, Bogdan Konopka et Eric Baudelaire, à l'automne 2007, l'esprit des travaux sur les paysages du photographe allemand Jürgen Nefzger a retenu l'approbation de la commission de sélection pour 2008.

Depuis une quinzaine d'années, Jürgen Nefzger capte l'air du temps, s'interroge sur la manière dont l'homme vit dans son environnement et comment il construit de nouveaux paysages. Or le trouble, donc l'intérêt subtil, de ces fragments du réel, naît du fait qu'ils sont toujours saisis avec une objectivité qui pourtant n'a rien d'une neutralité de point de vue. Ainsi que le définit Daniela Goeller* : « La notion de paysage est une construction complexe. Plus qu'un reflet du monde extérieur et de la nature environnante, le paysage forme un espace de projection par excellence et reflète différentes visions et conceptions, artistiques et politiques, que notre civilisation a imposées à la nature à travers les siècles. » Le travail de Jürgen Nefzger s'inscrit dans cette approche. Il met en exergue ce qu'au quotidien nos regards blasés refusent d'analyser. Son regard est large, construit, empreint d'un humour dénonciateur et cependant plutôt bienveillant. Sa série *Panta Rhei* (2006) suggère, à la manière de la peinture romantique allemande, la beauté des perspectives infinies des glaciers alpins, et alerte sur leur retrait progressif dû au réchauffement climatique. On note l'incongrue présence de l'homme dans ces paysages vertigineux, l'état des névés salis d'une écume de terre et ainsi s'impose à nous la fragilité de cet écosystème.

En 2006, son travail sur les paysages des centrales nucléaires en Europe, intitulé *Fluffy Clouds*, est récompensé par le Prix du public du Jeu de Paume. Dans cette série Jürgen Nefzger pointe l'arrogance des constructions en béton, imposantes comme de modernes tours de Babel, posées au milieu de nulle part, dans des paysages de bocages séculaires. Mais il serait trop simpliste de dénoncer radicalement : Jürgen Nefzger nous invite aussi, de facto, à considérer ces beautés modernistes dont les panaches de fumée zèbrent l'azur de nuages immaculés. Et à considérer aussi comment les riverains ont intégré, au quotidien, cet environnement dans leur champ de vision. Tous nos paysages, tels que nous les appréhendons aujourd'hui, n'ont-ils pas été façonnés et construits par les sociétés qui les habitent et les exploitent depuis des millénaires ?

Dans sa série sur Dunkerque (2007), aux abords des plages du Nord, Jürgen Nefzger saisit l'insouciance - ou l'aveuglement volontaire - des grappes de familles et des véliplanchistes à l'heure de la sacro-sainte détente estivale… et nous interroge sur nos propres habitudes : que regarde-t-on vraiment, quand on regarde un paysage ? Ce que l'on veut voir ou ce qui le constitue vraiment ?

A Clermont-Ferrand, comme souvent dans son approche des métropoles urbaines en constante mutation, Jürgen Nefzger s'est imprégné de l'atmosphère du territoire. Il a choisi d'en capter, non pas les « évidences communicantes » - quartiers historiques, places rénovées ou perspectives bien léchées - mais d'interroger ses marges, physiques (quartiers périurbains) et temporelles (prises de vue nocturnes). Ainsi il se focalise sur les zones de passage, sur les contrastes comme lorsque l'ambiance feutrée des puys plongés dans l'obscurité est traversée par une fosse d'effondrement lumineuse qui troue le noir. Ailleurs, il marque la césure entre le chemin de terre paysan au clair de lune et la rue de la cité dortoir cadrée par ses éclairages métalliques ; dans les quartiers Nord, il considère la beauté graphique des blocs d'immeubles en perspective ; en zone commerciale, au cœur de la nuit, il pointe la présence magnétique des alignements de caddies, délaissés d'une convoitise consumériste diurne.
Pour les générations futures, ce sont bien ces déplacements nouveaux qui seront les marqueurs de notre temps : une agglomération qui n'a pas encore totalement phagocyté le paysage paysan, des zones commerciales hyperactives le jour/désertées la nuit, des zones résidentielles avec leurs artefacts de pacotille.

Chaque photographie de Jürgen Nefzger est à considérer en soi, puis en série, comme témoignage d'un temps et d'un lieu donnés, avec une honnêteté du regard qui n'exclut jamais une sensibilité bonhomme et un engagement personnel.
C'est le paradoxe de cette œuvre, qui paraît objective à première vue, sans auteur apparent, et pourtant, dont on reconnaît rapidement « la signature ». Le regard est un espace et une situation. L'approche est souvent frontale, mais une profondeur de champ vient ouvrir la perspective. Et l'inclusion de détails signifiants renforce le propos et interroge, avec un humour distancié.
Mine de rien, Jürgen Nefzger, en déclenchant son objectif, appuie où cela fait mal, car il nous renvoie à nos propres œillères. Sans moralisation appuyée, il nous invite à (re) considérer notre environnement, comment nous le vivons, ce que nous en faisons.
« J'aime proposer à mon spectateur un lieu d'émotion esthétique allié à des interrogations conceptuelles » dit-il.
Proposition réussie.
Que je vous invite vivement à partager.

* Daniela Goeller, *Les paysages acteurs ou témoins ?* (le 1er mars 2007), www.lacritique.org/article-les-paysages-de-jurgen-nefzger, (accédé le 26 septembre 2008)

Ultramodern Landscapes

112

The Roger-Quilliot Museum of Art in Clermont-Ferrand has introduced a purchasing policy with a landscape/environmental theme—already well represented in the collections—to form ties with the painting and graphic art collections.

At the same time, over the last decade, the city has been showcasing photography as a contemporary creative medium. Since 2005, the capital of the Auvergne region has invited well-respected contemporary photographers to be resident artists. All are free to explore Clermont-Ferrand, its geographical boundaries, its history, its urban planning, its inhabitants, and the city's activity. Following each residency, a personal exhibition is organized with financial support, and one piece is kept by the museum, thus strengthening its collection.

During the autumn of 2007, after Charles Fréger, Bogdan Konopka, and Eric Baudelaire, German photographer Jürgen Nefzger's work on landscapes was given the selection committee's approval for 2008.

For the last fifteen years, Jürgen Nefzger has seized upon what is in the air and questioned the way humans inhabit their environment and build new landscapes. The problem of these fragments of reality, and also what makes them interesting, comes from the fact that they are always captured with an objectivity that is not at all neutral. In this way, as Daniela Goeller explains: "The notion of landscape is a complex construction. It is more than a reflection of the outside world and the surrounding nature; landscape forms the perfect projection space and reflects different views and ideas, both artistic and political, that our civilization has imposed on nature over the centuries."[1] Nefzger's work subscribes to this approach. He highlights what our jaded minds refuse to analyze on a daily basis.

His *Panta Rhei* series (2006) suggests, in a manner similar to that of a German Romantic painting, the beauty of the endless perspective of Alpine glaciers. It also alerts us to their progressive retreat due to global warming. The viewer notes the incongruous presence of man in these vertiginous landscapes, the state of the névés dirtied by a foam of earth—and the fragility of our ecosystem is brought home to us.

In 2006, his work on the landscapes of nuclear power plants in Europe, entitled *Fluffy Clouds,* won the Jeu de Paume Public Award. In that series, Jürgen Nefzger targeted the arrogance of concrete constructions, like modern Towers of Babel, set down in the middle of nowhere, in landscapes of centuries-old bocages. But a radical denunciation would be too simplistic: implicitly, Nefzger also invites us to contemplate these modernist beauties whose plumes of smoke streak the sky with immaculate clouds, and furthermore, to reflect on how the riverside residents have integrated this scene into their field of vision on a daily basis. After all, can we not say that our landscapes, as we understand them today, were shaped and built by our own societies, which have lived in and exploited them for thousands of years?

In his series on Dunkerque (2007), on the beaches of northern France, Jürgen Nefzger captured the carefree quality—or the willful blindness—of clusters of families and windsurfers during the inviolable summer relaxation time . . . and questions our habits: what do we really look at when we look at a landscape? What we want to see, or what's really there?

In Clermont-Ferrand, as often in his approach to the urban metropolis in constant mutation, Jürgen Nefzger immersed himself in the region's atmosphere. He chose not to capture the "communicably obvious"—historical quarters, renovated squares, or a perfect perspective—but rather to question its margins, physical (suburban areas) and temporal (nocturnal shots). In this way, he focuses on landscape zones and on contrasts such as when the velvet atmosphere of the Puy mountains plunged into darkness crosses a pit of collapsed light that pierces the blackness. Elsewhere, he marks the caesura between the moonlit countryside path and the street of low-income housing framed by its metallic lighting; in the northern quarters he observes the graphic beauty of the blocks of buildings in perspective; in a shopping area in the dead of night he aims for the magnetic presence of the lined-up carts, divested of their diurnal consumer desires.

For future generations, these new movements will define our time: an agglomeration that has not yet completely swallowed up the rural landscape, an overly busy shopping area by day deserted by night, residential areas with their cheap decor.

Every photograph by Jürgen Nefzger should be considered on its own and then as part of a series, as a witness to a time and place; each has an honest vision.
This is the paradox of this work: though it may seem objective on first viewing, without any obvious author, we quickly recognize the "signature." The vision is a space and a situation. The approach is often frontal, but the field depth comes to open up the perspective. And the inclusion of important details strengthens the intention and questions, always with a distant humor.

In clicking his camera, Jürgen Nefzger puts his finger where it hurts, because he shows us our own blinkers. Without resorting to heavy moralizing, he invites us to (re)consider our environment, how we live in it, and what we do with it. "I like to propose to my viewer a place of aesthetic emotion linked to conceptual questions," he says. A successful proposition that I sincerely invite you to share.

1. Daniela Goeller, "*Les paysages acteurs ou témoins?* " (March 1, 2007), www.lacritique.org/article-les-paysages-de-jurgen-nefzger (accessed September 26, 2008).

Biographie
Biography

Remerciements
Acknowledgments

Ouvrage *Nocturnes* réalisé dans le cadre de la résidence photographique proposée par la Ville de Clermont-Ferrand.

Les images de nocturnes ont été réalisées entre janvier et juillet 2008 à Clermont-Ferrand et dans ses environs.

The work *Nocturnes* was realized in the context of the photographer-in-residence program funded by the city of Clermont-Ferrand.

The nocturnes were taken between January and July 2008 in and around Clermont-Ferrand.

Exposition / Exhibition

Serge Godard
Maire de Clermont-Ferrand / Mayor of Clermont-Ferrand

Olivier Bianchi
Adjoint à la Politique culturelle / Deputy of cultural politics

François Robert
Directeur de la Culture / Director of culture

Régis Besse
Chargé de projet-résidence photographique / Photographer-in-residence project manager

Gaëlle Gibault
Responsable Hôtel Fontfreyde / Hôtel Fontfreyde manager

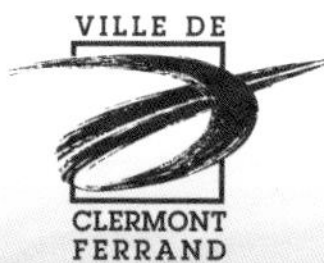

Ce livre est publié à l'occasion de l'exposition
This catalogue is published in conjunction with the exhibition
Jürgen Nefzger : Nocturnes
Musée d'Art Roger-Quilliot, Hôtel Fontfreyde,
Clermont-Ferrand
14 novembre 2008 — 22 février 2009
November 14, 2008 — February 22, 2009

Éditeur / Editor: Ville de Clermont-Ferrand

Suivi éditorial / Copyediting: Donna Stonecipher

Traductions / Translations: Mary Traynor

Maquette et composition / Graphic design and typesetting: Aurélien Bidaud

Production / Production: Christine Emter

Caractères / Typeface: Minion Pro© (Robert Slimbach pour / for Adobe©)

Photogravure et impression / Reproductions and printing: Dr. Cantz'sche Druckerei, Ostfildern

Papier / Paper: Galaxi Supermat, 170 g/m²

Façonnage / Binding: Verlagsbuchbinderei Dieringer, Gerlingen

Traitement image numérique / Digital image processing: Cecile Monteiro-Braz

Imprimé par / Printed by:

Publié par / Published by
Hatje Cantz Verlag
Zeppelinstrasse 32
73760 Ostfildern
Allemagne / Germany
Tel. +49 711 4405-0
Fax +49 711 4405-220
www.hatjecantz.com

Les livres publiés par Hatje Cantz sont disponibles dans le monde entier dans les bonnes librairies. Pour tous les renseignements plus généraux, visitez notre site internet : www.hatjecantz.com
Hatje Cantz books are available internationally at selected bookstores. For more information about our distribution partners, please visit our homepage at www.hatjecantz.com

ISBN-978-3-7757-2334-3

Printed in Germany

Illustration de couverture / Cover illustration: *Pleine Lune sur le Puy de Dôme*, Juin 2008 / *Full Moon over the Puys de Dôme*, June 2008